SIM, A PSICANÁLISE CURA!

Transmissão da Psicanálise
diretor: Marco Antonio Coutinho Jorge

J.-D. Nasio

SIM, A PSICANÁLISE CURA!

Tradução:
Eliana Aguiar

Revisão técnica:
Marco Antonio Coutinho Jorge
Programa de Pós-graduação em Psicanálise/Uerj

6ª reimpressão

Copyright © 2017 by J.-D. Nasio
Copyright do prefácio © 2017 by Gabriel Rolón

Tradução autorizada da primeira edição argentina, publicada em 2017
por Editorial Paidós, de Buenos Aires, Argentina

A editora não se responsabiliza por links ou sites aqui indicados, nem pode garantir
que eles continuarão ativos e/ou adequados, salvo os que forem propriedade da Zahar.

*Grafia atualizada segundo o Acordo Ortográfico da Língua Portuguesa de 1990,
que entrou em vigor no Brasil em 2009.*

Título original
¡Sí, el psicoanálisis cura!

Capa
Sérgio Campante

Revisão
Carolina Sampaio
Jorge Moutinho

CIP-Brasil. Catalogação na publicação
Sindicato Nacional dos Editores de Livros, RJ

N211s	Nasio, Juan-David, 1942-
	Sim, a psicanálise cura! / Juan-David Nasio; tradução Eliana Aguiar; revisão técnica Marco Antonio Coutinho Jorge. – 1ª ed. – Rio de Janeiro: Zahar, 2019.
	(Transmissão da Psicanálise)
	Tradução de: ¡Sí, el psicoanálisis cura!
	ISBN 978-85-378-1839-8
	1. Psicanálise. 2. Psicanálise – Estudo de casos. 3. Cura. I. Aguiar, Eliana. II. Jorge, Marco Antonio Coutinho. III. Título. IV. Série.
	CDD: 616.8917
19-56514	CDU: 615.851.1

Vanessa Mafra Xavier Salgado – Bibliotecária – CRB-7/6644

Todos os direitos desta edição reservados à
EDITORA SCHWARCZ S.A.
Praça Floriano, 19, sala 3001 – Cinelândia
20031-050 – Rio de Janeiro – RJ
Telefone: (21) 3993-7510
www.companhiadasletras.com.br
www.blogdacompanhia.com.br
facebook.com/editorazahar
instagram.com/editorazahar
twitter.com/editorazahar

Sumário

Prefácio, por Gabriel Rolón   7

1. Como trabalho e ajudo meus pacientes a encontrarem a cura.
   O caso do Homem de Negro   17

2. A ideia central deste livro   49

3. Interpretar é dizer com clareza ao paciente o que ele já sabia,
   embora confusamente   53

4. Quatro variantes inéditas da interpretação do psicanalista
   ilustradas com exemplos concretos   79

5. A cura continua a ser um enigma   99

Índice geral   105

Prefácio

A noite era fria e uma neblina incipiente flutuava sobre o rio. O táxi seguia pelas ruas de Paris e meu coração batia cada vez mais acelerado; não é sempre que a vida nos oferece a possibilidade de realizar um sonho. À minha esquerda deslizavam as pontes do Sena; à direita, o Museu do Louvre. Era certamente uma paisagem única, mas minha mente estava tomada por um eco distante; palavras de um autor que haviam me acompanhado durante todos os anos de minha formação profissional. De fato, ressoavam em mim como se eu tivesse podido interrogá-lo enquanto lia seus livros.

– Mestre, de que se ocupa a psicanálise?

– *A psicanálise ocupa-se de coisas simples, muito simples, que são também imensamente complexas. Ocupa-se do amor e do ódio, do desejo e da lei, do sofrimento e do prazer, de nossas palavras, de nossos atos, de nossos sonhos e fantasias. A psicanálise ocupa-se de coisas simples e complexas, mas eternamente atuais.*

Na minha ânsia de saber, virava as páginas e seguia perguntando:

– O que é o Complexo de Édipo?

– *O Complexo de Édipo não é uma história de amor e ódio entre pais e filhos. É uma história de sexo. Não tem nada a ver com sentimento e ternura, mas com corpo, desejo, fantasias e prazer. O Édipo é uma imensa desmedida. É um desejo sexual próprio de um adulto na cabecinha e no corpo de um menino ou de uma menina de quatro anos.*

– E o Inconsciente?

Imaginei-o sorrindo enquanto respondia com uma expressão travessa:

– *Saiba que o Inconsciente é, antes de tudo, uma curiosa memória.*

Na voracidade da minha leitura eu havia incorporado cada um de seus conceitos, e algumas vezes cheguei quase a ouvi-lo aconselhando-me a partir de suas obras:

– *Gabriel, para escutar um paciente você precisa estar perto dele. Sente-se na beira da poltrona e escute. Mas não apenas as suas palavras, vá mais adiante e perceba as tensões inconscientes que o fazem sofrer. Deixe que esta proximidade o mobilize... Anime-se a entrar em seu mundo psíquico e permita que ele lhe revele o conflito que causa sua dor.*

Lendo-o compreendi que a psicanálise é uma viagem que tem a angústia como ponto de partida e a descoberta de sua origem como destino final. Um caminho que, sem outra bússola além da palavra, dois aventureiros percorrem juntos, tendo por motores o desejo de saber e a paixão. O viajante recebe o nome de *paciente* e o companheiro de viagem é seu *analista*.

Todavia, este autor me levava a pensar que o profissional não é um acompanhante silencioso, que os dois são ao mesmo tempo timoneiro e remador, barco e mar; que o Inconsciente não pertence apenas ao paciente, mas é, antes, um mundo que eles constroem juntos. Entendi que o percurso de uma análise é sempre difícil, que muitas vezes é preciso vencer o impulso de parar e voltar ao ponto de partida – a esse lugar sofrido que é vivenciado como seguro. Heidegger já falara sobre isso: *O seguro não é seguro, é terrível.*

Concluí que se submeter a uma análise implica percorrer as páginas da própria história. É de lá que nos observam os nossos pais, a criança que fomos e aquelas cenas que, ocultas sob a névoa do esquecimento ou do recalque, escondem a chave que conduz

Prefácio

a uma verdade que pode nos transformar, tal como aos companheiros de Ulisses, em *homens* e aliviar a dor.

A leitura de seus trabalhos também me convenceu de que é indispensável estar disposto a entregar-se de corpo e alma para ajudar o paciente a empreender uma nova viagem. Uma viagem na qual, ao contrário da anterior e apesar das dificuldades da vida, ele conhece o destino que deseja alcançar.

Longe do estereótipo do analista mudo e ausente, cada página pedia que eu me comprometesse, que tomasse a palavra onde ela fizesse falta, mas especialmente que olhasse o paciente nos olhos e me deixasse percorrer sem culpa pela emoção que é gerada dentro do consultório.

E agora eu estava ali, prestes a conhecê-lo.

O carro parou diante de um edifício às margens do Sena. Eu me aproximei e toquei a campainha. Em poucos minutos, um homem de olhar cálido e sorriso generoso abriu a porta. Um desejo longamente acalentado se realizava: eu estava apertando a mão do dr. Juan-David Nasio.

Não pretendo narrar cada cena daquela noite inesquecível; direi apenas que foi muito parecida com um milagre.

Com grande entusiasmo, o Mestre percorreu Paris comigo e, no jantar que gentilmente me ofereceu, falou dos primeiros tempos de profissão, de sua relação com Enrique Pichon-Rivière e José Bleger, de sua chegada à França, de sua ligação com Jacques Lacan e até do projeto de um livro, no qual havia trabalhado o dia inteiro – o mesmo que agora tenho a honra de prefaciar. Teve, ademais, a deferência de interessar-se por mim com sincero afeto.

Hoje o começo de uma amizade nos une, mas posso dizer sobretudo que entendo sua obra muito melhor que antes. Porque comprovei que esse analista que tanto admiramos não é somente um *semblante*, é antes de tudo um homem. Uma criatura bondosa que a cada dia se entrega com paixão inaugural à prática e à teorização da psicanálise.

Parafraseando Octavio Paz, Nasio carrega o milagre de uma chama dupla: a do rigor, dada por seu destino francês, e a da proximidade afetiva, dádiva de sua argentinidade. Por trás das honras com que foi agraciado, ainda é possível reconhecer em seu olhar aquele menino que entrou pela primeira vez num hospital da cidade de Rosário para acompanhar o pai, médico abnegado, e que com ele aprendeu a sensibilidade diante do padecimento dos outros.

Não é possível ser um bom analista sem ser antes uma boa pessoa.

O pertencimento da psicanálise à ciência foi muitas vezes questionado. Os positivistas argumentaram que sua teoria e seus métodos não resistem à menor prova de laboratório. Hoje o dr. Juan-David Nasio enfrenta o tema e sentencia sem hesitar: *Sim, a psicanálise cura!*

O universo que esta obra percorre é *o Inconsciente*, lugar habitado por monstros que assustam muito mais que qualquer outra criatura porque vêm de nós mesmos e porque seus rostos se parecem demais com os das pessoas que amamos.

Sem dúvida o autor nos propõe um desafio inquietante: percorrer esses mundos obscuros e desconhecidos que nos fazem adoecer e que, no entanto, podem sucumbir diante do poder da escuta e da palavra de um analista.

GABRIEL ROLÓN
Buenos Aires, 04 de junho de 2017

Sim, a psicanálise cura!

O verdadeiro lugar de nascimento é aquele em que pela primeira vez lançamos um olhar inteligente sobre nós mesmos.

MARGUERITE YOURCENAR

Transmitimos a nossos filhos mais o que somos do que o que dizemos.

J.-D.N.

Sim, a psicanálise cura! Como justificar semelhante afirmação? Percebi que minha experiência clínica e minha reflexão teórica se enriqueceram com o passar dos anos e que o número de pacientes que manifestavam sua gratidão depois de concluído o tratamento era cada vez maior. Hoje digo que posso e devo confiar plenamente na eficácia de minha longa e apaixonante prática psicanalítica, que não deixo de conceitualizar, ensinar e compartilhar com outros clínicos. É esta confiança que me leva a dizer, sem vacilar: Sim, a psicanálise cura! Evidentemente, nenhum paciente se cura por completo e a psicanálise, como todo remédio, não cura todos os pacientes nem cura de maneira definitiva. Sempre restará uma parte de sofrimento, um sofrimento irredutível, inerente à vida, necessário à vida. Viver sem sofrimento não é viver.

É útil destacar que a psicanálise, ao contrário do que sustentam seus detratores, demonstrou desde o início sua indiscutível eficácia no tratamento de numerosas afecções: transtornos de humor (depressões), transtornos de ansiedade (fobias), transtornos alimentares (anorexia, bulimia), transtornos obsessivo-compulsivos e muitas outras patologias que trazem nossos pacientes ao consultório.

A eficácia da psicanálise também se verifica no tratamento da depressão pós-parto e da neurose infantil, na resolução de conflitos familiares, conjugais e até profissionais, sem esquecer o papel de coterapeuta que o analista desempenha no tratamento das neuroses graves e das psicoses, trabalhando em colaboração com um psiquiatra, que prescreve a medicação. Mas façamos uma ressalva. Para que a psicanálise seja eficaz, é necessário que quem se analisa reúna as seguintes características: que sofra, que não suporte mais sofrer, que se interrogue sobre as causas de seu sofrimento e que tenha a esperança de que o profissional que vai tratá-lo será capaz de livrá-lo de seu tormento.

E um ajuste fino a respeito da palavra "curar". Habitualmente, "estar curado" significa ter superado uma enfermidade. Decerto que a maior parte dos nossos pacientes não está doente no sentido médico do termo, mas sofre por estar em conflito consigo mesmo e com os demais. É justamente esse conflito interior e relacional que a psicanálise tenta fazer desaparecer. Em suma, e de um ponto de vista psicanalítico, alguém está curado quando consegue amar-se tal como é, quando é capaz de ser mais tolerante consigo mesmo e, portanto, mais tolerante com seu entorno mais próximo.

1. Como trabalho e ajudo meus pacientes a encontrarem a cura. O caso do Homem de Negro

Neste capítulo, tentarei permitir que você vivencie da maneira mais sensível a experiência essencial que um paciente deve atravessar para chegar à cura. É preciso ter em mente que essa experiência tão determinante pode ocorrer várias vezes durante um tratamento, sempre que eu me encontrar em contato direto e ativo com o inconsciente de meu analisando. Mas falar com você sobre essa experiência é falar da maneira como trabalho para acompanhar meu paciente até um novo nascimento. Acompanhá-lo não o levando pela mão, mas, como veremos, deixando nossos inconscientes interpenetrarem-se profundamente. Se você me perguntar como o psicanalista trabalha para levar seu paciente à cura, eu responderia sem vacilar: um psicanalista trabalha utilizando o melhor instrumento que tem a seu alcance, seu próprio inconsciente, que chamo de **Inconsciente Instrumental**. Mas como conceber que o inconsciente, uma instância tão imaterial e pessoal, possa ser um instrumento e, além disso, um instrumento destinado a escutar os pacientes e acompanhá-los até o desaparecimento de seus tormentos? **Estou convencido de que um psicanalista cura seu paciente graças não somente ao que sabe, ao que diz ou ao que faz, mas graças sobretudo ao que _é_ e, mais ainda, ao que _é_ _inconscientemente_.** Para além da escola a que pertence e da técnica que emprega, um psicanalista dispõe de um instrumento capital, delicado e incomparável: sua própria pessoa, ou seja, aquilo que ele é no mais profundo de si mesmo e que ignora. Isto é o inconsciente. O inconsciente é essa parte oculta de nós mesmos que determina o que somos e, quando atuamos como terapeutas, determina o que somos diante do paciente que sofre. Em suma, o psicanalista trabalha e cura seus pacientes com seu próprio inconsciente, com seu **Inconsciente Instrumental**.

Mas atenção! O inconsciente com o qual o psicanalista trabalha não é o seu inconsciente pessoal em seu estado habitual, e sim seu inconsciente pessoal sublimado. Sim, nosso inconsciente de psicanalista é um inconsciente refinado, trabalhado e moldado por muitos anos de análise pessoal, por longos anos de prática, ou seja, por muitos anos nos quais, ao escutar nossos pacientes, aprendemos a dialogar com nós mesmos e a nos conhecermos melhor interiormente. Um inconsciente modelado, ademais, pelos intercâmbios regulares com um supervisor que nos ajuda, quando somos jovens praticantes, não apenas a resolver as inevitáveis dificuldades com que nos deparamos no exercício de nossa prática, mas também a afinar nossa sensibilidade de terapeutas. É também um inconsciente formado pelo estudo apaixonado e ininterrupto de uma teoria psicanalítica que nunca deixamos de recriar e de ajustar à clínica. Digamos, então, que um psicanalista trabalha e cura seus pacientes com seu inconsciente, seu inconsciente de terapeuta, um inconsciente flexível, receptivo e criador.

Para ser eficaz, um psicanalista deve desenvolver incessantemente duas qualidades: uma fina sensibilidade, que lhe permita perceber os movimentos ocultos do inconsciente do outro, e a arte de deixar falar o seu próprio Inconsciente Instrumental.

*

Como trabalho e ajudo meus pacientes a encontrarem a cura 21

Mas, concretamente, como trabalhamos com nosso **Inconsciente Instrumental**? Para responder, gostaria de expor minha experiência como psicanalista e mostrar o que ocorre em meu psiquismo quando escuto, concentrado, os meus pacientes. A bem dizer, queria que você pudesse entrar, invisível e silencioso, em meu consultório e se instalasse a meu lado, pegasse uma lente mágica e observasse o que se passa no interior de minha cabeça e de meu coração de terapeuta quando estou focado em meu paciente.

Vamos proceder da seguinte forma: dividirei este capítulo em duas partes; na primeira, você verá a atividade mental do psicanalista desdobrando-se quando, ao escutar o analisando, ele mergulha no interior de si mesmo, percebe o inconsciente do analisando, retorna à superfície e comunica a ele o que percebeu; na segunda parte, apresentarei um exemplo concreto dessa escuta endopsíquica, exemplo que chamei de *O caso do Homem de Negro*.

Minha ideia medular é a seguinte: quando um psicanalista escuta seu paciente mobilizando seu **Inconsciente Instrumental** e dirigindo-lhe uma palavra decisiva, quando isso realmente acontece, o paciente toma consciência da fantasia patogênica que o domina insidiosamente e da imagem negativa de si mesmo que emana dessa fantasia. Deste modo, o paciente transforma a relação que mantém consigo mesmo e, portanto, seu estado melhora.

A escuta do psicanalista é um processo em cinco etapas

Mas sigamos mais lentamente. O que significa escutar? Escutar um paciente não é uma simples disposição de espírito, por mais benevolente que seja. Não. Escutar é estar muito concentrado nas manifestações verbais e não verbais do paciente. Escutar é exatamente o oposto da atenção flutuante considerada equivocadamente como um estado de desatenção do terapeuta. Ao contrário, escutar quem nos fala é concentrarmo-nos ativamente no que nos diz, tratar de ir mais além das palavras pronunciadas e sobretudo, mais que qualquer outra coisa, sentir em nós mesmos a sua emoção consciente e, se possível, a sua emoção dolorosa e inconsciente.

É mais fácil de explicar usando a distinção entre os verbos "**ouvir**" e "**escutar**". Ouvir é a atividade auditiva de um ouvido que percebe os sons externos ou as vozes que a ele chegam. Habitualmente, quando ouvimos o que nos dizem, percebemos a sonoridade das palavras e compreendemos o sentido das frases pronunciadas. Neste caso, ouvimos. No entanto, isso é completamente diferente de quando escutamos; quando escutamos, não ouvimos nada. Quando escutamos, estamos além dos sons e dos sentidos, estamos surdos aos ruídos que atrapalham e indiferentes aos pensamentos que distraem. Neste caso, escutamos. Resumindo: **ouvimos as palavras, mas escutamos o inconsciente**.

Vejamos agora o que ocorre quando o psicanalista escuta, totalmente focado no mundo interno e afetivo do paciente. Quero deixar bem claro desde agora que esse estado de intensa concentração é o momento culminante de um processo que se desenvolve em várias etapas, o qual chamo de **processo da escuta**. A escuta não é, portanto, o ato de um instante, mas um processo que se realiza em cinco etapas.

Antes de examinar em profundidade cada uma delas, sugiro que façamos uma síntese do processo. Durante a primeira etapa, o analista observa com atenção o comportamento e a atitude de seu paciente. **Primeira etapa** da escuta, portanto: **Observação**. Em seguida, quando o paciente fala, o terapeuta tenta compreender o sentido latente das palavras ouvidas e das atitudes observadas. Então, a **segunda etapa**: **Compreensão**. Durante a terceira etapa, etapa culminante do processo de escuta, o psicanalista escuta plenamente. É um dos momentos mais apaixonantes da relação analítica, pois nesse instante o **Inconsciente Instrumental** do psicanalista e o inconsciente do analisando interpenetram-se. Digo que esse momento é decisivo porque é **somente a partir da imbricação íntima dos dois inconscientes que a cura se faz possível**. Em outras palavras, a ausência dessa terceira etapa crucial compromete a cura. E, no sentido inverso, se o estado do paciente melhorou sensivelmente ao fim da terapia, podemos deduzir que a imbricação dos dois inconscientes se produziu de maneira satisfatória, ainda que os dois atores não o tenham percebido. Gostaria aqui de esclarecer um ponto. Acabei de usar a expressão "imbricação íntima dos dois inconscientes", que lembra certamente a fórmula consagrada da "comunicação entre inconscientes". No entanto, ao longo das páginas seguintes, longe de repetir essa fórmula como se fosse evidente, farei um esforço para desembaraçar, um por um, os novelos da união dos dois inconscientes que interagem na terapia. Outro esclarecimento: na verdade, não deveríamos falar de dois inconscientes distintos que se imbricam, mas de um só e único inconsciente que **se produz** no momento mesmo da interpretação, um inconsciente novo que não pertence ao analisando nem ao analista, mas é fruto do encontro entre eles. **Terceira etapa,** portanto: a **Escuta propriamente dita**.

Na etapa seguinte, a mais difícil de explicar, o terapeuta se instala no inconsciente do paciente. Sendo mais preciso, é a etapa na qual o terapeuta sente não a emoção que o paciente sente no momento em que fala, mas a velha emoção traumática que este sofreu quando era criança e que em seguida recalcou. Uma coisa é sentir o que a pessoa que está diante de mim sente, outra bem diferente é sentir o que essa pessoa sentiu dolorosamente quando era um bebê, uma criança ou um adolescente e que agora esqueceu. É a etapa da **Identificação** do analista de hoje com a criança sofrida de ontem. Eis um exemplo. Estou diante de uma mulher depressiva. Está triste e diz que sua vida não tem mais sentido. Chora. A emoção palpável que invade o instante e o espaço de nosso encontro é a tristeza. Pois bem, sinto sua tristeza sem estar, eu mesmo, triste. Se o paciente sente angústia, sinto sua angústia sem me angustiar. Sou autenticamente eu mesmo com meu paciente, mas não me sinto afetado em meu ser. Contudo, o importante para um psicanalista não é a identificação empática; todos temos uma tendência espontânea a compartilhar a emoção vivida pelo outro. Compartilhamos cotidianamente as dores e as alegrias de nosso cônjuge, nossa irmã, nossa mãe ou nossos filhos. Mas isso é muito diferente para o psicanalista. A especificidade do analista consiste em **sentir a velha emoção traumática que hoje o paciente não sente mais** e que, no entanto, está ali, está dentro dele, oculta por trás da emoção manifesta. Sem dúvida, sinto a tristeza da paciente depressiva que fala comigo, mas sendo psicanalista sinto, por trás da tristeza, o ódio surdo provocado por uma antiga decepção dolorosa vivida como uma injustiça. Identifico-me então com a menina ou com a jovem adolescente de ontem, decepcionada e rancorosa.

O terapeuta deve ser ele mesmo com seu paciente, mas sem se sentir pessoalmente afetado.

Tomando esse exemplo do terapeuta capaz de sentir o ódio oculto sob a máscara da tristeza depressiva, recordo minha juventude de residente em psiquiatria quando meu chefe de serviço, o professor Mauricio Goldenberg, disse: "Nasio, a partir de agora você vai cuidar das idosas que sofrem de

Por trás da tristeza depressiva esconde-se o ódio.

depressão involutiva." Vejo-me no hospital de Lanús, às oito horas da manhã, com meu jaleco branco, atravessando a sala de espera já repleta de velhinhas encolhidas e tristes. Por estarem deprimidas, acordavam muito cedo, às cinco da manhã, com uma única ideia na cabeça: comparecer à consulta com seu médico. Lembro muito bem do pequeno consultório onde recebia aquelas mulheres sofridas, uma atrás da outra, durante toda a manhã. Escutando-as, impressionava-me constatar que muitas tinham um temperamento bilioso. É verdade que estavam deprimidas e tristes, mas sua tristeza era rancorosa. Naquela época, esse rancor não despertava particularmente a minha atenção. Só muitos anos depois é que fui compreender que por trás da tristeza escondia-se o ódio e que, para tratar a depressão, é sempre necessário levar o analisando a reconhecer seu ódio contra aquela criatura tão próxima por quem ele se sentiu injustamente ferido. Um ódio que o paciente acabou dirigindo contra si mesmo e que o levou à depressão. Ódio ao outro e ódio a si mesmo.

Para arrematar a descrição da quarta etapa do processo da escuta, eu diria então que a operação mental que o psicanalista leva a efeito durante essa fase não é a simples empatia, mas a **dupla empatia**, ou seja, a captação da emoção vivida pelo paciente que está diante dele, mas também a captação da emoção traumática vivida pela criança ferida que o paciente guarda dentro de si. **Quarta etapa**: a **Identificação do psicanalista de hoje com a criança ferida de ontem**.

Chegamos por fim à quinta e última etapa do processo da escuta. Nesse momento, o analista comunica a seu analisando a emoção que experimentou durante a identificação. Essa verbalização do recalcado patogênico alivia o paciente e o orienta rumo à cura. **Quinta etapa**, portanto: a **Interpretação**. Adiante, em outro capítulo, farei a distinção entre as quatro variantes da interpretação que utilizo habitualmente em minha prática: a **Interpretação**

narrativa, que é exemplificada em **O caso do Homem de Negro**; a **Prosopopeia interpretativa**; a **Interpretação gestual**; e, por último, a **Retificação subjetiva**. Todas elas são variantes inéditas da interpretação analítica que conduzem o paciente a nomear e a reconhecer como sua a emoção traumática que o corroía por dentro.

*

Podemos, então, resumir o processo da escuta da seguinte maneira:

> o psicanalista **observa**,
> trata de **compreender**,
> **escuta plenamente**,
> **se identifica** e, por fim,
> **comunica sua interpretação**.

É claro que essas sequências não estão hermeticamente separadas, nem seguem sempre essa ordem. Contudo, quero fazer duas observações. Primeiro, independentemente da ordem, as quatro primeiras etapas se condensam invariavelmente num único instante, o da interpretação. Segundo, insisto em afirmar que a escuta plena é a etapa indispensável para conseguir uma interpretação eficaz, que dará origem à cura.

*

Contudo, antes de examinar mais detalhadamente cada uma dessas cinco etapas, queria destacar a **premissa** que condiciona o conjunto do processo da escuta. Que premissa é essa? Ora, para alcançar esse nível profundo de escuta, o psicanalista deve antes de mais nada e sobretudo **querer entrar no mundo interno e silencioso do paciente**, deve ter o desejo de saber como ele se

Como trabalho e ajudo meus pacientes a encontrarem a cura 27

percebe internamente e até mesmo como ele se ignora. O que significa conhecer alguém por dentro? Significa conhecê-lo tal como ele se sente e se julga a si mesmo, às vezes como alguém demasiado seguro de si, às vezes como alguém vulnerável; às vezes muito arrogante, às vezes como alguém que foi menosprezado; às vezes como um sedutor irresistível, às vezes como alguém mal-amado. Em suma, a premissa ineludível que preside toda escuta terapêutica é manter o desejo ardente de mergulhar no mundo interno do homem, da mulher, do jovem ou da criança que nos fala. Se o psicanalista não se sente aguilhoado por essa vontade de ir até o outro, de penetrar em seu universo íntimo, de sentir o que o outro sente em seu interior e descobrir por que sofre, nada vai acontecer. Em troca, se o analista se sente estimulado pelo desejo de entrar no outro e conseguir reacender a chama extinta de seu paciente, podemos estar seguros de que o analisando, sensível a esse movimento em sua direção, será mais receptivo e estará mais disposto a seguir avançando. Numa palavra, a premissa absoluta para que nosso paciente alcance a cura é que nós tenhamos o firme desejo de viver o que ele vive interiormente e de despertar seu próprio desejo.

Devo fazer aqui uma ressalva importante. **A experiência da escuta**, tal como vou detalhá-la, é para mim um ideal que alcanço com frequência. No entanto, há que reconhecer que essa experiência **não se produz quando queremos nem com todos os pacientes, nem durante todas as sessões de um mesmo paciente**. Dito isto, devo esclarecer ademais que, com o passar dos anos, o trabalho da escuta criou em mim um estado permanente de sensibilidade refinada à presença íntima do outro. De tanto mergulhar todos os dias e há tantos anos na intimidade de um grande número de pessoas que sofrem, tornei-me cada vez mais receptivo ao inconsciente do outro. Nesse sentido, estou certo de que todos os profissionais autenticamente comprometidos com a escuta de seus pacientes, seja qual for a sua formação, também adquiriram essa disponibilidade e essa sensibilidade otimizadas que tornam mais fácil obter êxito nas terapias que conduzem.

Etapa I: A observação

Uma vez apresentada a premissa, passemos agora à primeira etapa do processo da escuta, a Observação. Embora seja verdade que muitos de nós possuímos o dom natural da observação, o psicanalista deve, no entanto, fazer desse dom uma ferramenta que é preciso aperfeiçoar constantemente. Costumo aconselhar meus alunos a se dedicarem ao jogo de observar as pessoas e inventar histórias a partir do que veem. Faça você também essa experiência. Por exemplo: você está no metrô sozinho e distraído, e se dá conta de repente de que, sentada à sua frente, viaja uma senhora de uma certa idade. Depois de observá-la discretamente e desviar o olhar com pudor, pensa: "Provavelmente esta senhora vive sozinha, é viúva e tem um gato. Está indo visitar a filha, que deve andar por volta dos trinta anos." Ao notar a expressão preocupada da senhora, pensa também: "Está inquieta e deve estar se perguntando como fazer para consolar a filha devastada pelo divórcio e que acaba de receber a má notícia de que será obrigada a aceitar a guarda compartilhada de seu filhinho." Pronto, você já tem uma história! Nunca deixe seu músculo mental atrofiar. Treine observando e fazendo trabalhar a imaginação, dois exercícios que andam sempre de mãos dadas. Vejo que um leitor replica: "Mas eu sempre faço isso!" E eu respondo: "Pois isso é ótimo. Continue praticando, sobretudo se exerce a psicanálise!" Françoise Dolto, de quem sempre me recordo com carinho, recomendava a seus alunos: "Quem quiser ser um bom psicanalista de crianças tem de sair do consultório, ir até uma praça do bairro, sentar num banco perto do tanque de areia, esconder-se atrás de um jornal e observar discretamente o comportamento das crianças quando brincam e conversam, sem deixar de atentar também para as atitudes dos pais." Que bom conselho! O conhecimento mais bonito da alma de uma criança é, sem dúvida, o conhecimento *in vivo* de seu comportamento e de sua palavra. Em suma, apure os sentidos e dê livre curso à imaginação.

Retornemos, porém, ao âmbito analítico. Impulsionado pela vontade de ir até o outro, o analista observa a atitude do paciente, considera o timbre de sua voz, presta atenção à mímica ou à expressão de seu olhar. Na realidade, **uma boa escuta começa com uma observação apurada**. Desde o momento em que vou buscar o paciente na sala de espera, toda a minha sensibilidade está alerta, tanto a visual quanto a auditiva, a olfativa e até a tátil quando, por exemplo, aperto sua mão e sinto que está fria, frouxa ou úmida. Além disso, observo atentamente os pacotes ou sacolas que o paciente às vezes traz consigo para a consulta. Sim, quando uma paciente chega com uma sacola e a deixa aberta olho para ver o que contém, discretamente, claro, mas olho. Às vezes resolvo perguntar: "O que tem aí?" Alguns de meus pacientes, sabendo que presto muita atenção ao que eles trazem para a sessão, deixam a sacola aberta de propósito, esperando pela minha reação. Também sinto os cheiros, especialmente o hálito alcoolizado daquele homem que, apesar das pastilhas de hortelã que mastiga, não consegue disfarçar sua adição à bebida. Ele ignora que uma pastilha de hortelã não é capaz de mascarar o sopro impregnado de álcool que seus pulmões exalam. Assim também, quando se trata de uma criança, observo seu modo de sentar à mesinha de jogos, de usar as mãos ou mover os pés. E, se recebo um paciente adulto, sentados frente a frente presto atenção às expressões distraídas de seu rosto e às mensagens sutis de seus olhos.

O que pretendo dizer agora não tem a ver diretamente com o ato de observar, no entanto gostaria de compartilhar uma convicção que anima a minha maneira de trabalhar. Não me limito a acolher as manifestações verbais e não verbais de meu analisando, mas abro a mente também para suas outras expressões, que considero como extensões de seu psiquismo. Por exemplo: na sala de espera, cumprimento calorosamente o menino que às vezes acompanha um determinado paciente. Faço isso de forma espontânea, sem esquecer que esse menino, no contexto do tratamento, é um prolongamento vivo do psiquismo de seu pai. Ou ainda, seguindo a evolução da transferência, convido minha paciente a trazer seu cão, que ela deixa invariavelmente deitado ao pé do divã. Algumas vezes, quando considero oportuno, peço ao analisando que traga um álbum de retratos familiares, que folheamos juntos na sessão; ou peço a outra paciente que abra seu celular para escutar e reviver com ela a canção que embalou sua infância. Não se trata de modo algum, em nenhum desses casos, de distrair-se da terapia. Ao contrário, esses momentos, extremamente fecundos, representam para mim uma oportunidade de formular interpretações que com frequência o paciente recebe de modo favorável. Posso dizer que, durante essas sessões, tenho a sensação de ficar mais próximo da intimidade psíquica do analisando, sem abandonar nem por um instante meu lugar de analista e sem que o paciente, adulto ou criança, se comporte familiarmente comigo. Em suma, um psicanalista não escuta só as palavras, é sensível também a todos os signos através dos quais um ser comunica sua vida.

Ainda uma advertência sobre a observação: não posso deixar de mencionar aqui a importância, para um psicanalista, de saber observar-se a si mesmo quando está atuando. O lema que escolhi para mim é, portanto, o seguinte: **é preciso fazer, observar-se fazer, teorizar o que se faz e tratar de formulá-lo claramente**. Eu não poderia sintetizar melhor a exigência que me levou a escrever estas páginas que você está lendo agora.

Etapa II: A compreensão

A partir desses diversos signos que emanam de seu paciente e a partir também dos sintomas que ele manifesta, o analista deve primeiro identificar a imagem negativa, neurótica, amiúde imprecisa, que o analisando tem de si mesmo. Em seguida, e de modo mais profundo, tentar deduzir racionalmente os conflitos internos subjacentes a essa imagem ou, melhor dizendo, deduzir a fantasia inconsciente e patogênica subjacente a essa imagem, pois para nós conflito interno e fantasia são termos equivalentes. Todo conflito interno é fantasístico e toda fantasia é conflitual. O conflito intrapsíquico é uma encenação fantasística entre duas figuras antagônicas do neurótico, como por exemplo o Supereu e o Eu. Por trás de toda imagem negativa é preciso buscar a cena conflitual que a determina. Tomemos como exemplo o caso do paciente alcoólatra que tentava dissimular o hálito. Sabemos que sua adição é o mau remédio que usa para anestesiar uma angústia intolerável ou uma tristeza inconsolável. De fato, comprovei com frequência casos de alcoólatras que bebiam como reação contra a angústia ou a tristeza. Os homens bebiam na maior parte das vezes para afogar a angústia de se sentirem sexualmente impotentes ou incapazes de responder aos imperativos profissionais e sociais; utilizavam o álcool para sufocar a voz infamante de seu Supereu, que acusava: "Você não passa de um pobre coitado!" Temos aí a imagem negativa de si mesmo e o conflito fantasístico subjacentes ao sintoma. Quando se tratava de uma mulher, bebia muitas vezes para afogar sua tristeza e sua cruel solidão: acreditando que ninguém a amava, ela mesma não se amava. O álcool servia para sufocar a voz depreciativa de seu Supereu, que acusava: "Você não é digna de ser amada!" Temos aí a imagem negativa de si mesma e o conflito fantasístico. Pois bem, o alcoólatra não vive a angústia ou a tristeza enquanto tais, mas antes como um cansaço de viver, um desencanto com a vida. Assim, o bebedor, homem ou mulher, bebe para matar o tédio, sem perceber que esse tédio é a máscara da angústia que o oprime ou da tristeza que o sufoca. Durante essa segunda etapa da Compreensão, a tarefa que, portanto, compete aos psicanalistas é refazer intelectualmente o caminho que vai do presente ao passado, da compulsão alcoólica à angústia, da angústia à imagem negativa de si mesmo e dessa imagem ao conflito fantasístico e inconsciente que a engendrou. Nesse caso do alcoolismo, o conflito ocorre entre o Eu e o Supereu. Na realidade, esse trabalho de reconstrução exige um ir e vir permanente do presente ao passado. Nesse sentido, muitas vezes faço essa reconstrução rascunhando junto com o paciente o esquema das diferentes fases de sua enfermidade. Assim, vemos com clareza que a **Compreensão** da gênese dos sintomas se confirma e se enriquece através do intercâmbio com o analisando utilizando lápis e papel.

Etapa III: A escuta propriamente dita

Mas, eventualmente, o psicanalista pode não saber que pista seguir no trabalho de reconstrução da fantasia inconsciente e patogênica que causa a neurose. Embora vislumbre várias hipóteses, nenhuma se impõe com absoluta segurança. Ele hesita e avança às apalpadelas na escuridão que prepara o instante mais decisivo da relação com o analisando, o da **Escuta propriamente dita**. Da escuridão nasce a luz.

O terapeuta está desorientado, mas, de repente, uma palavra discordante ou um movimento singular do paciente chama sua atenção – uma crispação repentina da pessoa deitada no divã, por exemplo – ou, se for uma criança, um detalhe num desenho. Uma dessas particularidades desperta subitamente o seu interesse e,

Não posso perceber o inconsciente de meu paciente com minha consciência, mas apenas com meu inconsciente. Por isso, devo suspender minha consciência, ainda que seja só por um instante, para que meu inconsciente perceptor possa agir.

como se tivesse sido picado por uma agulha, ele é arrastado imediatamente a um esforço de **concentração**. Isola-se mentalmente, ensimesmado, e obtém então o que chamo de **silêncio em si**, ou seja: consegue calar nele mesmo – deixa de ouvir em seu interior – os ecos de suas preocupações cotidianas ou a ressonância das considerações teóricas que havia elaborado na fase da compreensão.

Mas o que é a concentração? O que significa concentrar-se? A concentração é a ação de uma força interna que é antes de tudo uma potência de inibição. Em outras palavras, a concentração é uma força voluntária que inibe todo pensamento parasitário, toda sensação inoportuna e todo sentido perturbador e canaliza nossa energia para a realização do gesto essencial dessa terceira etapa. Qual é esse gesto? Antes de responder, eu queria destacar que a ação do psicanalista de instalar em seu interior um silêncio fecundo é uma ação eminentemente deliberada que chamo de **Foraclusão voluntária**. A Foraclusão voluntária operada pelo terapeuta é o nome que dou ao movimento de inibição e de rechaço de qualquer sentido, um movimento que transforma o analista num receptor extremamente sensível. **A concentração pura é pura receptividade.** Os psicanalistas, como já dissemos, são particularmente receptivos aos sinais subliminares enviados por seus pacientes, ou melhor dizendo, enviados pelo inconsciente de seus pacientes. Assim, um psicanalista é capaz de captar com sua intuição, com seu **Inconsciente Instrumental**, o inconsciente enfermo de seu paciente.

Chegamos assim à terceira etapa, na qual eu gostaria de me deter um pouco mais, pois é nela que o profissional entra verdadeiramente em estado de escuta, ou seja, em estado de perceber em si, no seio de seu silêncio interior, aquilo que se impõe a seu espírito. Esse é, portanto, o gesto essencial que o analista realiza nessa terceira etapa: ___captar em si o inconsciente do outro___. **Estamos instalados num estado de escuta quando, tendo desabitado o nosso eu, esquecido o tempo e o espaço imediatos, entramos em nós mesmos para encontrar ali o que o outro fez brotar repentinamente em nós: uma cena fantasiada, carregada de emoção.**

Devo fazer aqui uma observação de ordem terminológica. Qualifiquei de diversas maneiras a experiência da escuta plena. Chamei-a às vezes de "*dupla empatia*"; outras de "*escuta endopsíquica*" ou "*captação*", ou até de "*mergulho dentro de si mesmo*". No entanto, quer se chame de dupla empatia, escuta endopsíquica, captação ou mergulho dentro de si mesmo, quero que você não esqueça que a finalidade da escuta plena é levar o paciente à cura. Por isso, peço que toda vez que ler as palavras "escuta", "captação" ou "mergulho", as associe sistematicamente ao adjetivo "*terapêutica*". **Toda escuta é terapêutica!**

Mas o que é a escuta? Eu disse há pouco que era preciso distinguir o verbo "ouvir" do verbo "escutar". Ouvir o outro é ir até o exterior, até o outro que está fora, enquanto escutar o outro é ir para dentro de si mesmo, é descer em nós mesmos, ao interior de nós mesmos para encontrar ali a cena do inconsciente do outro. Esta é a distinção maior que percorre todo o nosso capítulo. Escutar não é fazer isso: ↗; escutar é fazer isso: ↩. É surpreendente, mas é assim: **somente dentro de mim poderei encontrar o outro.**

Como trabalho e ajudo meus pacientes a encontrarem a cura　　35

Começo por observar o outro fora de mim, mas é em meu interior que encontro seu ser mais íntimo. Imagino que alguns leitores que não viveram a experiência de uma análise, nem como pacientes, nem como terapeutas, podem ter dificuldade para entender a experiência da escuta tal como a descrevo. "**O caso do Homem de Negro**", que relato a seguir, é um exemplo eloquente desse singular conhecimento interior do outro.

Pois bem, quando o psicanalista escuta tão intensamente o seu paciente, o que ele percebe? Percebe em si mesmo, no interior de si mesmo, uma cena em movimento que é a réplica da cena fantasística inconsciente de seu analisando. O que pretendo dizer com isso? Que o analista percebe cenas que desfilam em seu espírito. É uma **visão mental imprecisa e fugidia, uma percepção de imagens mais tensionais do que visuais.**

> Detenho-me aqui um instante para retomar a sequência do processo da escuta no ponto onde estávamos, pois é importante destacar o fio que costura cada momento. A escuta é certamente um processo mental sutil e difícil de entender. Vejamos. Primeiro tempo, observo. Segundo tempo, trato de compreender, refletir e estabelecer hipóteses, mas hesito e duvido. Terceiro tempo, surpreendo-me com um detalhe que chama minha atenção. Atraído por esse detalhe tão singular, opero então uma foraclusão voluntária. Concentro-me até abrir um vazio dentro de mim. Entro assim no interior de mim mesmo e, no coração do meu silêncio, percebo uma cena em movimento: a ação é franca, mas os contornos são evanescentes. Considero essa cena tensional como um extrato da vida inconsciente de meu analisando.

No momento em que o psicanalista entra em si mesmo e opera a percepção do inconsciente de seu paciente, ele se dissocia no sentimento de estar totalmente tomado pela cena que se impõe a ele e pela consciência lúcida daquilo que está vivendo. Estou na presença de meu paciente: se está sentado, posso vê-lo; se está deitado no divã, posso ouvi-lo. Conservando sempre o contato com ele e com a realidade externa, sou, contudo, inteiramente absorvido pela cena que surgiu dentro de mim. Não perdi nada de minha consciência desperta e não estou mergulhado naquele estado secundário no qual os sons se confundem e os objetos parecem girar ao redor da pessoa, estado no qual caem certos pintores ou poetas que precisam se aturdir para produzir uma obra. Não, minha consciência está intacta, embora meu inconsciente se imponha e passe para o primeiro plano. Pois bem, Freud definiu de maneira admirável esse estado dissociado do terapeuta durante a escuta – essa mescla de vazio e agudeza, de alucinação voluntária e lucidez, esse estado de um si mesmo preenchido pelo outro sob o controle de uma consciência afiada –, numa frase que eu gostaria de citar. Ao lê-la, você compreenderá de imediato o quanto essas palavras me animaram a teorizar o mais apuradamente possível a experiência até então inexplorada da escuta endopsíquica, escuta que, não podemos esquecer, é o mais poderoso dos agentes terapêuticos. Em 1923, Freud escreveu: "O psicanalista comporta-se da maneira mais adequada quando se abandona a si mesmo, quando se abandona à sua própria atividade mental inconsciente, evita pensar e elaborar ideias conscientes e capta assim o inconsciente do paciente com seu próprio inconsciente."

De fato, escutamos quando nos abandonamos a nós mesmos, à nossa própria atividade mental inconsciente. Escutamos quando toda a nossa energia está concentrada num movimento para o interior de nós mesmos, como se quiséssemos esvaziar nosso eu, fazer silêncio em nosso interior e lá encontrar o inconsciente do outro. Nessa disposição mental de grande abertura, o analista, infinitamente concentrado, vê surgir nele mesmo a ficção de um personagem que representa o paciente numa cena fantasística composta com frequência por dois protagonistas em conflito, cena esta que o paciente esqueceu e que, em minha opinião, está na origem de seus transtornos atuais. Portanto, creio que os transtornos que levaram o paciente ao consultório foram provocados pela ação nociva dessa cena inconsciente, que não é senão a lembrança febril de um antigo trauma infantil ou puberal que o paciente sofreu realmente ou viveu imaginariamente.

Em suma, quando, em seu interior, o analista capta o inconsciente de seu paciente, ele vê surgir uma cena fantasística na qual o paciente é o personagem principal. Nem é preciso dizer que esse personagem de ficção é muito diferente da pessoa que está ali, diante do analista, presente na sessão. Quando o analisando é adulto e o analista embarca nesse esforço de concentração que o conduz a alucinar um ser fictício, esse ser assume com frequência a figura de uma criança vítima, talvez abandonada, talvez abusada, talvez humilhada; ou também a figura de um adolescente desorientado, encerrado em seu mundo. Se o paciente é uma criança, o ser fantasístico que se apresenta no espírito do analista adquire amiúde a aparência de um recém-nascido desamparado que busca em vão o calor dos braços protetores de uma mãe. Pois bem, esse ser fictício, seja ele uma criança magoada, um adolescente perdido, um bebê desafortunado ou muitas outras figuras, é na verdade uma cena fantasística, a fantasia que torna presente em mim, analista, o inconsciente de meu paciente. Esse ser fictício que o profissional vê surgir de repente em seu interior, no centro da cena, é o resultado da captação pelo analista – como diz Freud – do inconsciente do paciente. Freud escreveu: "O analista capta o inconsciente do paciente com seu próprio inconsciente." Eu modifico ligeiramente a frase e enuncio: **o analista capta com**

seu *Inconsciente Instrumental* a fantasia inconsciente de seu paciente. Em suma, o psicanalista quer alcançar o inconsciente no interior do outro e termina por alcançá-lo no interior de si mesmo, no momento da escuta e sob a forma de uma fantasia.

Uma observação antes de continuar. O ser de ficção que aparece na cena fantasística que percebo não tem uma silhueta definida, não tem sequer espessura. Não, não vejo uma figura: vejo intensidades, movimentos que me fazem sentir a presença invisível dos personagens em ação. As figuras não estão representadas, elas são apenas sugeridas, como o Alien do filme de Ridley Scott.

*

Uma vez admitido isto, você poderia me objetar: essa fantasia que, a seu ver, o analista percebe é uma manifestação do inconsciente do analisando ou um simples devaneio do terapeuta? Como saber se a fantasia que percebemos em nós mesmos provém do nosso paciente ou, ao contrário, é a expressão de nossos sentimentos, nossos desejos ou de nossa história pessoal? O que nos garante que não é pura invenção e sim a emanação do inconsciente de nosso paciente? Eu responderia que o psicanalista pode ter certeza de que a fantasia captada provém do analisando e não é mera divagação se, em primeiro lugar, ele se surpreende ao ser arrastado pelas ficções que se impõem. *Primeiro indicador*, portanto: **a surpresa**. Em seguida, o analista pode dizer que se encontra em estado de escuta e considerar que a fantasia percebida não é sua mas do paciente se, ao captá-la, ele tem a sensação de viver uma leve despersonalização provocada pela dissociação inerente a uma escuta tão intensa. *Segundo indicador*, portanto: **sensação de despersonalização**. Por último, o analista pode dizer que essa fantasia não é sua mas do paciente se, tendo comunicado sua ficção ao paciente, este reage com um silêncio. Não qualquer silêncio, mas um silêncio de concordância saturado de emoção, interrompido com frequência por uma exclamação que os pacientes comovidos repetem amiúde: "É verdade, nunca tinha pensado nisso!", ou ainda, "É isso! É exatamente isso!" *Terceiro indicador*, portanto: **o silêncio de concordância do paciente** em resposta à intervenção do psicanalista. Resumindo, a surpresa, a sensação de despersonalização e a concordância do paciente com a nossa interpretação são as referências mínimas, as referências indiscutíveis que atestam que o analista não trabalha com seu eu, mas com seu **Inconsciente Instrumental**, e que aquilo que germina em seu interior não é seu, mas do outro.

É claro que esses três indicadores são ainda mais seguros quando **se repetem**, ao longo do tratamento, em diferentes ocasiões.

Etapa IV: A identificação do psicanalista com a criança fantasística

Passemos agora à quarta etapa do processo da escuta. Lembre-se de que essa é a etapa da identificação. O que acontece então? O psicanalista está, por exemplo, diante de uma criança que desenha e conversa com ele. Sem deixar de ouvir o que diz o pequeno paciente, o analista observa o desenho, detendo-se num detalhe destoante que chama a sua atenção. Pode até trocar algumas palavras com o pequeno paciente e, simultaneamente, em silêncio, como quem não quer nada, operar uma descida mental do consciente para o inconsciente. Ele vê surgir dentro de si a cena fantasística de que falamos e, instalando-se no coração dessa cena, sente então a emoção que o personagem central da ação sentiria. Ou seja: **identifica-se, em silêncio, com o ser imaginário da fantasia percebida**. Identificar-se significa, portanto, o seguinte: o psicanalista experimenta não apenas o que sente o pequeno paciente diante dele, mas o que sente a outra criança, a criança da fantasia. Eu gostaria de insistir nisso. Não sinto apenas o que meu paciente vive ou experimenta. **Sinto sobretudo o que vive ou experimenta o ser fantasístico que aparece em minha cabeça**. Assim, nessa quarta fase da identificação, o profissional adota duas posições distintas e simultâneas: uma de presença ativa na realidade concreta da sessão – o analista observa, compreende e intervém; outra de presença ativa em sua realidade interna. Dissociado, o analista desempenha, portanto, duas funções paralelas. É ao mesmo tempo um interlocutor aberto para o exterior, atento às manifestações de seu pequeno paciente, e um receptor que vibra ao ritmo da emoção vivida pelo ser fantasístico percebido pelo *Inconsciente Instrumental* que se impõe agora à sua consciência.

Essa identificação interna com um personagem de ficção interno é, como se pode imaginar, difícil de compreender, difícil de formular e com certeza difícil de admitir. Creio que a melhor maneira de fazer-me entender é relatando *o caso do Homem de Negro*, logo adiante. Demorei muito para discernir os movimentos mais sutis que se produzem no espírito de um psicanalista quando interioriza tão intensamente a intimidade secreta e silenciosa de seu paciente. Não foi tarefa simples, mas, agora que consegui formalizar o fenômeno da escuta endopsíquica e terapêutica, penso que numerosos clínicos irão se reconhecer nessa maneira de tratar o sofrimento do outro.

Etapa V: A interpretação: "Isto é o que encontrei de você no mais profundo de mim!"

Mas como intervém então o psicanalista, carregado como está por essa emoção vivida pelo ser imaginário que aparece em sua

Como trabalho e ajudo meus pacientes a encontrarem a cura   41

cabeça? Chegamos assim à quinta e última etapa do processo da escuta, etapa na qual o psicanalista interpreta, ou seja, põe em palavras a fantasia que percebe, palavras essas que ele comunica ao paciente. Aqui, o terapeuta é um intermediário entre a fantasia que ele percebe e a pessoa do paciente, ávida por ouvir uma palavra que lhe mostre aquilo que a corrói por dentro. **Percebo em mim o que se passa nele e lhe digo. Converto-me, assim, no intérprete de uma partitura que tenho diante dos meus olhos, esperando que o ouvinte, aberto à minha música, se diga e me diga: "Eis aí a minha melodia profunda!"**

Quero observar que, antes de dirigir-se ao paciente, o analista pode optar por falar ou calar. Pode resolver não dizer nada, pode enunciar em voz alta palavras simples e sugestivas, nunca teóricas, ou até apresentar uma alegoria, como no exemplo que você vai ler em seguida. Seja uma palavra simples ou uma alegoria, trata-se sempre de interpretações psicanalíticas, porque brotam de uma escuta endopsíquica e porque incitam o paciente a se auto-observar e a mudar sua maneira doentia de julgar-se.

Quando eu disse que um psicanalista pode ficar calado, estava falando de um silêncio deliberado, ditado pelo senso de oportunidade. Indiscutivelmente, há uma grande diferença entre ficar calado quando se tem muito a dizer e ficar calado quando não se tem nada a dizer. Justamente, o difícil para um psicanalista é saber calar-se num momento em que arde de impaciência para falar. Nesse aspecto, quando falo com meus pacientes digo apenas quarenta por cento do que poderia dizer. Se me calo é porque considero que é cedo demais ou tarde demais para intervir, porque o paciente não está preparado para receber minha palavra, porque preciso de tempo para amadurecer a ideia que tenho em mente ou simplesmente porque não tenho nada a dizer. Nesse instante, o aforisma de Wittgenstein me vem à mente: "Sobre o que não se pode falar, deve-se calar." Nesse sentido, aconselho com frequência aos psicanalistas que me consultam para supervisão de prática que não falem se não sabem o que dizer: "Se tem dúvidas, não fale, fique em silêncio. Evitará muitos equívocos!" Outra reflexão importante: quando um psicanalista fala, deve acreditar profundamente no que diz e alimentar a esperança de que sua palavra possa emocionar o outro. Sem dúvida alguma, **a convicção com que o terapeuta fala é decisiva para que seu paciente tenha confiança nele e se sinta estimulado a se auto-observar**.

Para encerrar essa quinta e última etapa, eu gostaria de sublinhar que a observação e a compreensão, assim como a escuta e a identificação endopsíquicas só têm valor terapêutico se desembocarem numa interpretação bem-sucedida, ou seja, numa interpretação capaz de **dizer com clareza ao paciente aquilo que ele já sabe, mas de maneira confusa**. Porém, atenção! Por mais pertinente e esclarecedora que seja a interpretação, ela continuará sendo inoperante se não alcançar o paciente em sua zona sensível, à flor da consciência, ou seja, em seu *pré-consciente*. **Para revelar o inconsciente, é preciso que este tenha amadurecido até se tornar pré-consciente**. Dizer que o inconsciente amadureceu, como um fruto sob o sol, significa que os inumeráveis intercâmbios entre paciente e analista, intercâmbios que incluíram numerosas microinterpretações, prepararam a chegada do momento em que a interpretação provocará uma reviravolta no ser do sujeito. Esses intercâmbios enfraqueceram as resistências do paciente e fizeram com que seu inconsciente se tornasse permeável à palavra do profissional. Sejamos claros: se minha interpretação foi eficaz, é precisamente porque o inconsciente, tornando-se pré-consciente, abriu-se para o outro. Repito minha fórmula mencionada há pouco, fórmula capital que retomarei a seguir, modificando-a levemente: interpretar é dizer com clareza ao paciente o que ele já sabe **pré-conscientemente**. Com certeza, capto em mim, com meu inconsciente, o inconsciente de meu paciente, mas quando interpreto digo somente aquilo que ele está preparado para ouvir. **Em suma, não interpretamos de imediato o inconsciente, apenas quando ele se transforma em pré-consciente. E eu acrescentaria: nós o interpretamos falando a língua do pré-consciente, ou seja, empregando os verbos, os substantivos e os adjetivos que o paciente usa quando fala consigo mesmo em seu diálogo interior.**

Recapitulando, se tivéssemos que resumir numa única frase o essencial do processo da escuta, daríamos a palavra ao inconsciente do psicanalista, que diria: "*Uma vez obtido o silêncio interior, capto o inconsciente do meu analisando, que se impõe como uma cena fantasística, visto a pele do personagem principal e, deixando-me levar pela ação, transmito por fim ao paciente, com infinita delicadeza, o que acabo de viver.*"

O caso do Homem de Negro: um exemplo de escuta e de identificação endopsíquicas, assim como de interpretação narrativa

Para encerrar este capítulo, quero apresentar o caso clínico que ilustra as três últimas etapas do processo da escuta: a **Escuta plena**, a **Identificação** e a **Interpretação**. Assim, no exemplo a seguir, você verá o psicanalista mergulhar, durante uma sessão, no interior de si mesmo, **captar** a fantasia inconsciente de seu paciente, **identificar-se** com o personagem principal dessa fantasia e, por fim, remontar à superfície para **comunicar** a seu paciente o que experimentou durante sua imersão endopsíquica. A bem dizer, ao distinguir essas três etapas estou decompondo teoricamente um acontecimento fulgurante que vivencio como um todo indivisível.

Mas vamos ao exemplo. O analisando, um jovem de 26 anos, tem a estranha peculiaridade de vestir-se de negro, todo de negro.

Desde o primeiro dia em que o recebi no consultório, ele vestiu, invariavelmente, um terno preto, sempre o mesmo, com camisa e gravata pretas, apresentando-se nas sessões com seu indefectível guarda-chuva preto, luvas de couro e pasta também pretas. Devo dizer que na época em questão, pois já não recebo esse paciente, sua aparência lúgubre incomodava um pouco todos os outros pacientes que cruzavam com ele na sala de espera. Era um homem muito bem penteado, de ótima aparência, altivo, do qual emanava uma certa dignidade mesclada a um sofrimento profundo. Procurou-me porque tinha a impressão de que nada se concretizava em sua vida, de que estava tudo parado. Durante a primeira entrevista, eu soube que ele tinha perdido a mãe aos seis anos, num acidente de carro. Mas a essa tragédia somava-se uma grave mentira do pai, que durante um ano continuou dizendo que a mãe tinha partido em viagem, de modo que o menino passou um ano achando que tinha sido abandonado e esquecido pela mãe. Depois desse abandono, ele não conseguiu mais estabelecer vínculos afetivos nem com um pai frio e indiferente, nem com os demais membros da família; víncu-los que talvez tivessem permitido que ele fizesse um luto normal, ou seja, que fosse pouco a pouco aceitando a ausência definitiva da mãe. Desde as primeiras sessões, tive a sensação de estar diante de uma criatura doente de um luto não resolvido, de um luto encravado nele como um núcleo obscuro de lava petrificada.

Dois anos depois, durante uma sessão, como por acaso, escuto dele as seguintes palavras: "**Desde que minha mãe se foi…**" Sem compreender muito bem por quê, senti estas palavras como um apelo para que eu me concentrasse e me deixasse levar pelo que viesse a mim. Fico cego e, como um eco desta frase, "desde que minha mãe se foi…", uma série de imagens despertam em mim, as quais descrevo ao paciente à medida que vão surgindo.

Intervenho então e minha palavra toma a forma de um relato que tem valor de interpretação. Esclareço aqui que as palavras

Como trabalho e ajudo meus pacientes a encontrarem a cura

que você lerá agora são as mesmas que comuniquei ao paciente. Consegui transcrevê-las rapidamente depois de terminada a sessão. Eu estava tão impressionado com o que acabava de viver que, assim que o paciente partiu, sentei na escrivaninha e passei para o papel as palavras que tinha lhe dito. Eis o que eu disse ao **Homem de Negro**: "Você acabou de dizer 'Desde que minha mãe se foi...', e ao escutá-lo apareceu-me a imagem de uma mãe que foge de casa abrindo precipitadamente o portão. Um menino de seis anos quer ir com ela. Como se soubesse que sua mãe está indo embora para sempre, o menino grita: 'Espere por mim, mamãe! Espere, vou com você!' Mas a mãe, sem se voltar, responde: 'Não, não, você fica! Você não pode vir comigo!' Apesar das súplicas do menino, a mãe parte e o menino corre atrás dela. A mãe corre e ele corre atrás. Ela corre e ele a segue, incansável, correndo sempre, seguindo seus passos. E assim mãe e filho seguem, um atrás da outra, sem se juntarem jamais. E é assim há anos e anos, numa perseguição sem descanso. Até o dia em que o menino vê a silhueta da mãe se afastar e se diluir no horizonte. Esgotado, o menino para de correr e finalmente renuncia a alcançar a mãe. Já sem forças, senta à beira do caminho, recupera o fôlego e de repente, observando suas mãos, suas pernas, descobre que não é mais um menino, que cresceu, que se transformou num homem, que também amadureceu interiormente, pois já não vibra nem sonha como um menino pequeno."

Depois de dizer estas palavras, faço uma pausa em minha intervenção e, dirigindo-me de maneira mais direta ao paciente, acrescento: "Está vendo? Deter-se à beira do caminho, quando você descobre que não é mais um menino, mas um homem, isto é a análise, este é o trabalho que estamos fazendo juntos."

Todas essas palavras e todas essas imagens que acabo de contar são as que disse ao analisando conforme as percebia interiormente. Enquanto eu falava, o jovem escutava num silêncio compacto, inteiramente concentrado em minhas palavras, e quando terminei minha intervenção pude ouvir sua emoção sufocada por soluços contidos. Eu mesmo, ao dizer essas palavras, fui arrastado pelo fluxo irresistível das imagens que se sucediam em meu espírito, pela palavra que vinha de mim e pela vivacidade de minha identificação com aquela criança desesperada por não poder deter a mãe. Eu era e me sentia o menino imaginário. Vivia o dilaceramento que o menino vivia. Mesmo assim, devo confessar que, embora me deixasse transportar pela imagem e pelas palavras, conservava o pleno domínio de minha intervenção e estava consciente de minha dissociação. Evitei, por exemplo, utilizar certos termos. Lembro que num determinado momento quase disse que sua mãe havia subido para o Reino dos Céus, mas desisti, pensando que semelhante clichê diminuiria a autenticidade de minha intervenção. Se falo aqui desse cuidado, é porque quero mostrar até que ponto minhas palavras, ainda que não premeditadas, foram sem dúvida escolhidas com cuidado. Eu falava francamente e queria que meu paciente me ouvisse falar francamente também.

Esclareço ainda que essa sessão abriu a fase final da terapia, que se completou um ano e meio depois. Hoje não atendo mais esse paciente, mas sei, pois ele se comunica comigo regularmente, que formou uma família feliz e está muito bem no trabalho. Para mim, *o caso do Homem de Negro* continua a ser uma experiência muito bonita do modo como um psicanalista escuta, interpreta e conduz seu paciente à cura.

> O trabalho com esse analisando permitiu que eu comprovasse mais uma vez que a **imersão** do psicanalista no interior de si mesmo para ali encontrar o inconsciente do outro é o mais poderoso **agente de cura** que conheço.

É chegado o momento de concluir este capítulo. Eu quis mostrar que um psicanalista trabalha com seu inconsciente, mas com um inconsciente muito particular, totalmente diferente de seu inconsciente pessoal. Trata-se de seu *Inconsciente Instrumental*, um inconsciente enriquecido à força de captar, sentir e traduzir em palavras as emoções inconscientes dos pacientes. No entanto, esse órgão **captador**, **identificador** e **tradutor** não pode operar se não conseguirmos fazer silêncio em nosso interior. Por isso, durante a escuta, é importante descer dentro de nós mesmos para estabelecer o vazio em nosso interior. Quanto mais profundo for o solo em que tocarmos, mais forte será o impulso que nos fará saltar de volta à superfície e encontrar ali a palavra mais justa, capaz de aliviar o paciente de seu sofrimento. A escuta do psicanalista é esse mergulho luminoso para dentro de si mesmo; a psicanálise é esse impulso gerador de mudança.

2. A ideia central deste livro

Voltarei mais tarde a esse caso, tão rico de ensinamentos, que é *O Homem de Negro*. Mas agora, antes de aprofundar o tema da interpretação, gostaria de fazer uma pausa em nosso percurso e explicar qual é a ideia central de nosso livro.

Para que a cura de um paciente se produza, é preciso cumprir três condições. A primeira é que o **inconsciente doente do paciente seja percebido pelo *Inconsciente Instrumental* do psicanalista**. Isso significa que, ao descer ao interior de si mesmo, o psicanalista capta a cena fantasística inconsciente que atormenta o analisando desde a infância. Carregado com a emoção que reina nessa cena, o psicanalista se dirige ao paciente e faz com que ele viva e nomeie o conflito doloroso que desestabiliza todo o seu ser há tantos anos.

A segunda condição para que se crie um clima favorável à cura é **fazer com que nosso paciente também desça ao mais profundo de si mesmo**, várias vezes ao longo de toda a terapia, até conseguir identificar a cena fantasística e a emoção que a anima e corrigir a imagem negativa de si mesmo que se desprende dela.

A terceira condição que facilita a cura é a **transmissão imperceptível ao paciente**, durante toda a terapia, **de nossa serenidade interna**. Por trás da ideia que propomos, o analisando percebe não somente a simplicidade das palavras que usamos, o calor de nossa voz ou a força de nossa convicção; ele capta também, de forma sutil, sem perceber, a nossa expectativa confiante no avanço do nosso trabalho e o prazer, que nós também não percebemos, de comunicar-lhe essa confiança. Sem dúvida, nossa tarefa é falar com a sua razão para que ele compreenda, mas sobretudo com seu inconsciente, pois é o inconsciente que percebe a serenidade que impregna a nossa palavra. Desse modo, o paciente aprende a falar e a tratar a si mesmo com benevolência, assim como nós o tratamos e falamos com ele. Pouco a pouco, o analisando consegue tratar-se como o analista o trata e, diria eu, como o analista **trata a si mesmo**. Evidentemente não queremos que o paciente imite a pessoa do analista, mas que introjete uma maneira não conflituosa de falar consigo mesmo e de amar-se.

A serenidade é nossa expectativa confiante.

3. INTERPRETAR É DIZER COM
CLAREZA AO PACIENTE O QUE ELE
JÁ SABIA, EMBORA CONFUSAMENTE

Depois de mostrar como atuo diante de meu paciente, gostaria de aprofundar agora, ao longo dos dois próximos capítulos, a noção de interpretação, indicando seu valor terapêutico e propondo quatro variantes inéditas de uma interpretação eficaz.

De que maneiras um psicanalista se dirige ao paciente? O que diz? O que faz? Você já imagina, com razão, que no curso de uma terapia um psicanalista se expressa de múltiplas maneiras: às vezes, ficando em silêncio; outras vezes dialogando, fazendo perguntas ou dando uma explicação, ou ainda apoiando o paciente numa decisão difícil sem se adiantar nem decidir nada por ele, claro, efetuando o ato decisivo de interpretar, ou seja, revelar ao paciente o seu próprio inconsciente enfermo. Quero, justamente, aprofundar esse tema e examinar em detalhe esse ato decisivo tão específico do psicanalista.

Interpretar é tornar consciente o inconsciente

Digo logo de início: a interpretação é o meio mais seguro de que nós, analistas, dispomos para desencadear no paciente uma série de gestos mentais que irão conduzi-lo à cura. Assim, nossa interpretação deve surpreendê-lo, emocioná-lo, levá-lo a descer a seu foro mais íntimo para descobrir em si a imagem falsa, negativa, que forjou de si mesmo e, se possível, sua fantasia inconsciente. Só então, ao tomar consciência dos conflitos internos subjacentes a essa imagem, o analista poderá melhorar a relação que o paciente mantém consigo mesmo e com os demais.

Mas o que é uma interpretação? A interpretação é, em primeiro lugar, toda palavra e toda ação do analista que levam o paciente a tomar consciência daquilo que **ignora** e que o faz sofrer. A fórmula consagrada, simples, mas sempre sólida, e da qual estamos mais convencidos do que nunca, é: "*Interpretar é tornar consciente o inconsciente.*"

Pois bem, a interpretação leva o paciente a tomar consciência não apenas do que ignora, mas também do **medo** que o mantém na ignorância. O ato interpretativo tenta, portanto, alcançar dois objetivos imediatos: um objetivo eminentemente cognitivo, **fazer saber**, e um objetivo eminentemente afetivo, levar a tomar consciência do **medo de saber**. Este último é traduzido habitualmente pela expressão "interpretar as resistências", expressão repetida tantas vezes que perdeu seu vigor. Perguntemo-nos aqui: o que é a **resistência**? A resistência é o medo de reviver, em plena consciência, um passado doloroso. Mas é também o temor de mudar, de ser outro diferente de quem sou e de não poder controlar o que acontecerá em seguida. Isso é a resistência, a crispação de um eu infantil que se debate contra o perigo de saber e de mudar. Digamos então que uma coisa é a ignorância, outra é o medo de deixar de ser ignorante e de viver a angústia do desconhecido. É interessante destacar que o temor de mudar e de curar-se explica por que alguns pacientes se agarram com desespero à infelicidade. Consultam o analista, mas no fundo não querem se curar.

Mas voltemos ao ato de interpretar. Se o analista está profundamente imbuído do que diz ou faz quando interpreta, sua interpretação, em geral, suscitará no analisando uma **tomada de consciência emocionada**, com frequência acompanhada de um sentimento espontâneo, tal como "É verdade! É exatamente isso!". Mas se o analisando não reage, parece indiferente ou responde à mensagem do analista dizendo "Não, isso não me evoca nada", pode-se afirmar que o analista errou ou não estava completamente imbuído de sua palavra, ou ainda que interveio cedo ou tarde demais para que o paciente recebesse sua mensagem. Numa palavra, os sinais que o paciente dá sobre a pertinência e a oportunidade de uma interpretação são a aceitação intelectual daquilo que o analista revela e, sobretudo, a expressão de alívio da angústia que o oprime.

Sermos conscientes é benéfico

Mas por que a tomada de consciência é tão necessária? Por que a consciência é saudável para nós? Por que o fato de reconhecer aquilo que não queríamos saber sobre nosso passado doloroso favorece o desaparecimento de nossos sintomas? Respondo: porque a tomada de consciência do recalcado **dá um nome e um sentido ao recalcado**. Quando escrevo "tomar consciência" não me refiro somente a tomar consciência do que está em mim e que ignoro, mas também a dar um sentido a esse conhecimento que surgiu. Mas o que é dar sentido? Quando podemos dizer que o recalcado adquire um sentido? Se o recalcado é, por exemplo, uma antiga emoção violenta, uma dor vivida por uma criança durante um trauma – um abandono, uma sedução abusiva, um mau-trato –, essa dor permanece enquistada no inconsciente, já que a criança não podia identificá-la no momento mesmo do trauma, nem nomeá-la. Toda emoção que não tem nome permanece encapsulada no inconsciente da criança e será causa de diversos comportamentos impulsivos na vida adulta. É precisamente o fato de que a criança não pôde identificar nem nomear a emoção traumática que transforma essa emoção numa emoção nociva. E, ao contrário, podemos dizer que essa emoção deixa de ser nociva quando o paciente, ao vinculá-la a outras emoções, outros pensamentos ou outros acontecimentos de sua história, encontra um nome para ela e compreende o papel que desempenha em seu universo doentio. É assim que a emoção adquire, enfim, um sentido. A vinculação de uma emoção isolada e errante a outras unidades psíquicas faz pensar na fórmula de Lacan para definir o significante: "Um significante, S_1, representa o sujeito para outros significantes, S_2." Eu diria então: a emoção traumática, uma vez nomeada, representa o sujeito neurótico para outras emoções, outros pensamentos ou acontecimentos pertencentes a seu mundo afetivo e simbólico. Quando a emoção traumática, S_1, vincula-se à constelação de significantes, S_2, adquire automaticamente um sentido e, nesse momento, o sujeito deixa de ser neurótico. Se graças à interpretação do meu psicanalista eu, paciente, associo a dor do meu trauma à depressão de minha mãe, por exemplo, ou ao recolhimento depressivo que marcou minha adolescência, ou até a um fato contado por meu irmão – em suma, se associo minha dor traumática aos significantes de minha história –, essa dor será integrada à minha vida e será, assim, relativizada. Terá perdido, portanto, toda a sua carga patogênica. O que faço aqui nada mais é que pôr em prática o espírito antissegregacionista da psicanálise. Tal princípio seria o seguinte: tudo o que se separa de um conjunto, que permanece isolado e exilado de sua comunidade, se converte inexoravelmente numa bola de energia corrosiva e doentia. Se, ao contrário, consigo reintegrar o que foi excluído, esvazio sua potência nociva. Evidentemente, uma emoção traumática é virulenta quando permanece isolada no inconsciente e deixa de ser virulenta quando se abrem para ela as portas da consciência. Eis aqui a razão pela qual tomar consciência do recalcado, ou seja, nomeá-lo e integrá-lo ao conjunto das representações conscientes, constitui uma produção de sentido e um alívio para o sujeito. É como se o psicanalista, ao contribuir para que seu paciente integre o recalcado doentio, estivesse animado pela Pulsão de vida, força que tende a unir, e se opusesse à Pulsão de morte, força que tende a separar.

A propósito da conscientização saudável do recalcado patogênico, recordemos a frase de Spinoza, que afirmava em que ponto uma emoção prejudicial, uma paixão destruidora, deixa de sê-lo quando lhe damos um sentido. Em sua *Ética*, ele escreve: "Um sentimento, que é uma paixão, deixa de ser paixão assim que fazemos dele uma ideia clara e distinta."

Se voltarmos à definição da interpretação psicanalítica como enunciado ou ato que busca tornar consciente o inconsciente, estabelecemos a seguinte sequência: dirigindo-se ao paciente, o analista propõe sua interpretação, nomeia o recalcado, localiza o acontecimento traumático que lhe deu origem e mostra em que medida, até aquele momento, sua vida estava organizada em torno do trauma. O analista poderia dizer, por exemplo, o seguinte: *"Quando criança, você se sentiu mais que abandonado: rejeitado por uma mãe depressiva que não podia cuidar de você. Logo, toda a sua personalidade se construiu com base numa rejeição dolorosa que não para de fazê-lo sofrer."* → O paciente toma consciência do impacto nefasto do trauma em sua vida e pode, assim, relativizá-lo. → O recalcado perde, portanto, sua virulência. → O paciente já não tem necessidade de recalcar a emoção que o ameaçava. → A intensidade dos sintomas atenua-se porque a emoção traumática de ontem já não se cristaliza no sintoma de hoje, mas dilui-se no pensamento, na linguagem e no fluxo da vida.

O que é esse inconsciente doente que o psicanalista deve revelar ao analisando?

Mas, afinal, de que recalcado estamos falando? Acabamos de dar o exemplo de um elemento recalcado falando da dor surda vivida por uma criança que foi abandonada, rejeitada pela mãe doente. Porém existem outras figuras do recalcado que vamos examinar também, uma por uma. Digamos desde já que, seja qual for a figura, o recalcado é sempre inconsciente e patogênico. Por que inconsciente e por que patogênico? Antes de tudo, é bom lembrar que o recalcamento é muito diferente de um simples esquecimento: é um reflexo defensivo radical de não querer saber, pois aquela antiga vivência foi dolorosa demais. É justamente esse empenho em enterrar uma velha dor que a transforma numa dor patogênica. Não podemos esquecer que, para Freud, a neurose é antes de tudo uma **enfermidade da defesa**, ou seja, que a causa da enfermidade é o esforço desesperado do eu para afastar a velha dor e impedir que aflore. Portanto, é justamente por não poder ser atualizado que o passado se torna patogênico. É a mesma ideia expressa cinquenta anos antes de Freud por Victor Hugo, quando escreveu: "... com que fúria o mar das paixões humanas fermenta e ferve quando lhe recusam qualquer saída."

Devemos nos perguntar, então, com mais precisão, o que é esse inconsciente doente do qual o analisando tem de tomar consciência para que seu estado melhore de maneira considerável. Recordemos antes de mais nada a natureza de um inconsciente salutar. O inconsciente salutar é simplesmente o passado, um passado balizado pelos acontecimentos cruciais de nossa vida, que nos modelaram. Assim, diremos que nosso passado, sempre ativo, se atualiza no presente. O que senti, pensei, quis desde a mais tenra infância está presente por inteiro na mão que escreve esta página. Mas quais são os acontecimentos cruciais de ontem que determinam minhas sensações afetivas de hoje? Penso essencialmente em todos os momentos importantes de minha vida, nos quais me **vinculei** aos seres amados, às coisas e aos ideais amados; e também, no extremo oposto, em todos os outros momentos, igualmente importantes, em que me **separei** de meus seres e objetos amados. Em suma, meu passado, sempre em ação, é estruturado essencialmente pelos acontecimentos que o amor inspira ou que

Interpretar é dizer com clareza ao paciente o que ele já sabia

o ódio fomenta. Contudo, quando somos neuróticos, o nosso passado não é um passado fluido que recordamos com facilidade; não, trata-se antes de um passado traumático e pavoroso do qual não queremos saber nada, pois se tomássemos consciência dele perturbaríamos o nosso equilíbrio atual. Pois bem, é justamente esse passado traumático que identificamos com o inconsciente doente e, em particular, com o recalcado que o psicanalista deve revelar em sua interpretação.

*

Distinguimos, portanto, quatro variedades de recalcado, que se articulam umas com as outras e se fundem entre si. A primeira é um **acontecimento traumático**, ou ainda **uma série de micro-acontecimentos traumáticos**, ocorrido na infância ou na puberdade. É importante recordar que o trauma é um acontecimento violento que consiste no impacto brutal de um excesso de excitação num ser incapaz de assimilá-lo, ou seja, incapaz de reagir, de fugir, de angustiar-se e de verbalizar a forte emoção provocada pela agressão. Sucintamente, o trauma pode ser resumido numa simples equação: excitação excessiva para um ser incapaz de integrá-la. Quero fazer aqui uma observação inédita e importante deduzida do trabalho com numerosos pacientes e que não encontrei na literatura psicanalítica nem nos textos consagrados à psicotraumatologia. O acontecimento traumático pode ser único ou multiplicado no tempo sob a forma de uma série de microfraturas traumáticas que se acumulam progressivamente. É importante precisar que essas microfraturas se apresentam sempre como inofensivas, mas acumuladas têm a mesma potência traumática de um impacto violento único. Tomemos como exemplo o excesso de excitação provocado pela ternura nociva de uma mãe que acaricia permanentemente o filho com uma sensualidade mais forte do que a que ele pode suportar. Esse menininho de três anos corre o risco de apresentar, na idade adulta, os mesmos sintomas neuróticos de uma criança vítima de um único e brutal abuso sexual. Outra observação: independentemente de o impacto traumático ser um fato real – como a agressão sexual de um pedófilo, por exemplo – ou uma sucessão interminável de microtraumas que a criança **sinta** como traumática – como no caso do menininho inocentemente excitado pela mãe –, esse impacto terá sempre o poder de desencadear o processo de uma neurose. Esta afirmação me leva a dizer que o trauma só existe quando é deduzido a partir dos efeitos que provoca. Todo trauma se encapsula inexoravelmente no psiquismo e acarreta efeitos patogênicos que aparecerão com força anos mais tarde. Só depois, *après coup*, diante desses efeitos no paciente, é que o psicanalista poderá inferir a existência de um trauma de infância ou de puberdade.

Uma recomendação técnica. Diante de um analisando que apresenta todos os sintomas de uma neurose, o psicanalista deve buscar, sem forçar demais, com a ajuda do paciente e às vezes da família, o acontecimento ou os microacontecimentos traumáticos sofridos na infância ou na adolescência. Nessa busca, insisto, não devemos esquecer nunca que a criança, futura neurótica, pode vivê-los no imaginário, fora de qualquer realidade objetiva. De fato, é frequente que não se encontre na história do paciente um fato traumático que possa ser datado. Com certeza, um trauma ou vários microtraumas podem passar despercebidos. Por exemplo: um certo paciente não sabe que sofreu, na infância, uma dor traumática de abandono quando teve a impressão de que a mãe, secretamente apaixonada por um amante, se ausentava de seu mundo afetivo. Ela certamente esteve sempre presente na casa, mas o menino sentia que a mãe estava muito distante e, assim, o mundo ficou vazio para ele. Como disse o poeta: "Um único ser nos falta e tudo fica deserto."

Antes de considerar a segunda variedade do recalcado, quero fazer uma última observação sobre o psicotrauma. Minha reflexão diz respeito ao complexo de Édipo, que, para Freud, como sabemos, é o núcleo maior de toda neurose. Esse complexo nada mais é que uma conjuntura traumática comum e inevitável na vida de toda criança. Um menino ou uma menina entre três e seis anos e particularmente sensível pode viver como traumática uma ternura sensual ou excitante demais ou, ao contrário, uma severidade temível por parte de um dos pais. Durante o período do Édipo, a criança, com frequência demasiado mimada, vive o prazer provocado por uma carícia sensual ou o desprazer provocado por um castigo com a mesma intensidade de uma dor traumática.

Vamos adiante. Distingo três tipos de traumas infantis segundo as diferentes neuroses. Temos, então, o **abandono,** acontecimento traumático recalcado que fará da criança um futuro *fóbico*; temos a **sobre-excitação sensual ou sexual**, acontecimento traumático recalcado que fará da criança um futuro *histérico*; e temos o **mau-trato ou a humilhação**, acontecimento traumático recalcado que fará da criança um futuro *obsessivo*.

*

Passemos agora à segunda variedade do recalcado, que é a própria __emoção traumática__. É qualificada como traumática porque é a emoção vivida pela criança no momento mesmo do trauma. Assim, na *fobia*, dado que o acontecimento traumático foi o abandono, a emoção intensa que se apodera da criança é a **dor de ter sido brutalmente privada do amor protetor** do adulto tutelar. Na *histeria*, dado que o acontecimento traumático foi uma surpreendente e precoce sobre-excitação sensual ou sexual, a emoção intensa que se apodera da criança é a **dor de uma excitação violenta** ou, melhor dizendo, de um **prazer violento e insuportável**.

Finalmente, na **obsessão**, dado que o acontecimento traumático foi o maltrato ou a humilhação, a emoção intensa que se apodera da criança é a **dor física de ter sofrido no corpo ou a dor moral de ter sido ferida em seu amor-próprio**.

O traumatismo destrói o Supereu

Laura, a menininha que mostrava a sua calcinha

A terceira variedade do recalcado não é mais um acontecimento nem uma emoção, mas um **desejo**, um impulso na direção do outro. Quando você ouvir a palavra "desejo", é necessário que a associe automaticamente à palavra "outro", para ser mais exato, ao "corpo" do outro, do outro que amamos ou odiamos, daquele que é afetivamente importante para nós. Só há desejo quando buscamos agarrar o corpo do ser amado para obter prazer, ou o corpo do ser odiado também para obter prazer, mas o prazer de destruir.

Detenho-me aqui um instante para sublinhar que o desejo recalcado que o psicanalista tenta detectar não é um desejo comum, mas um desejo doentio, enlouquecido, superativado pelo trauma infantil. Explico. Estando saudável, bebê ou adulto, sou impelido necessariamente em direção ao outro protetor por dois impulsos contraditórios: às vezes, o outro é para mim a pessoa amada e protetora, às vezes é um objeto sexual e sensual passível de ser consumido. No primeiro caso, trata-se de amor: eu o amo e busco que ele nunca deixe de me amar e proteger; no segundo caso, trata-se de um desejo perverso: eu o desejo e busco satisfazer-me com seu corpo, concorde ele ou não; ou seja, amo a pessoa do outro, mas desejo perversamente o seu corpo. Esse é o caráter **normalmente** perverso de todo desejo sadio: me sirvo de meu parceiro como de

Interpretar é dizer com clareza ao paciente o que ele já sabia

um corpo que me faz gozar. Digamos então que o **desejo sadio** é um **impulso perverso** intrínseco a toda relação amorosa, inclusive à relação de um bebê com sua mãe.

Pois bem, quando uma criança sofre um choque traumático, ela se defende imediatamente **exacerbando** seu desejo sadio e normalmente perverso. Traumatizada, a criança teme que a agressão traumática se repita. Para proteger-se, desenvolve o desejo de paralisar seu agressor, dominá-lo ou submetê-lo até conseguir neutralizá-lo para nunca mais ser sua vítima. **Para uma criança traumatizada, proteger-se de uma nova agressão é uma prioridade absoluta.** De repente, o desejo da criança agredida transforma-se num desejo mais que perverso, monstruosamente perverso: a criança era vítima e agora é carrasco! Para defender-se, agora é ela quem quer fazer aquilo que lhe fizeram antes. Estamos diante do que chamo de **perversão pós-traumática**, uma perversão defensiva que ocorre com frequência alguns anos depois do trauma. A criança, antes vítima, transforma-se numa criança, adolescente ou adulto cruel, sádico ou exibicionista. Utilizando outro vocabulário, eu diria que durante o trauma o Supereu foi tão agredido pelo impacto traumático que a consciência moral desapareceu.

Sobre essa questão específica, lembro de ter recebido uma menina de cinco anos, Laura, que reiteradamente levantava a saia para mostrar a calcinha aos coleguinhas de jardim de infância. Os pais, que haviam sido ameaçados com a expulsão de Laura da escola, estavam muito preocupados. Na primeira sessão, fiquei sabendo que minha pequena paciente, que tinha lábio leporino, passara por seis cirurgias desde o nascimento! Logo compreendi que ela havia vivido as operações como traumas graves e sucessivos. E disso deduzi que o comportamento exibicionista de Laura era efeito da **destruição de seu Supereu nascente, provocada pelo trauma**. Imagine a quantidade de injeções, de dores pós-operatórias, de noites passadas sozinha na ala infantil do hospital! Indiscutivelmente, aquela menina, vítima de um sofrimento médico inevitável, tinha perdido qualquer pudor, posto que já não tinha mais nada que lhe desse medo. Pois bem, nossa pequena paciente tinha sofrido tanto que se endureceu a ponto de não ter mais medo de nada, nem de ninguém. Despojada do Supereu, Laura desenvolveu um comportamento exibicionista infantil.

Compreender o papel desempenhado pelo trauma na gênese da perversão ajudou-me muito a interpretar a fantasia inconsciente perversa de minha pequena paciente. Minha interpretação não se produziu de uma só vez, mas no transcurso de várias sessões. Utilizei com frequência fotografias de Laura bebê, tiradas em suas diversas internações no hospital. Comentávamos juntos as fotos, e assim pude fazer com que ela sentisse que eu compreendia em que medida as dores atrozes experimentadas no hospital tinham-na anestesiado emocionalmente. Depois de três meses de tratamento, a menina havia perdido o hábito dos atos exibicionistas, conseguindo reintegrar-se na escola. Mais tarde, concluí que meu trabalho com Laura tinha sido regenerar seu Supereu.

Recapitulemos. Em toda criança traumatizada, o desejo defensivo é tão patologicamente perverso que o sujeito, futuro neurótico, precisa imperativamente recalcá-lo. É esse, então, o desejo perverso, doentio e recalcado que o psicanalista deve buscar encontrar na infância ou na adolescência de seu paciente neurótico!

Vejamos agora quais são as diferentes formas que o desejo patogênico, perverso e recalcado assume no analisando fóbico, no histérico e no obsessivo. Quando o trauma infantil foi o abandono, o desejo defensivo que se inflama na criança, futuro sujeito *fóbico*, é guardar o outro amado dentro de si para imobilizá-lo e proteger-se de um novo abandono. O desejo recalcado do fóbico é, portanto, o **desejo perverso de devoração**.

Interpretar é dizer com clareza ao paciente o que ele já sabia 67

Quando o trauma infantil foi a superexcitação sensual ou sexual, o desejo defensivo que se inflama na criança, futuro **histérico**, é excitar o outro amado, frustrá-lo e mantê-lo assim num estado de insatisfação e expectativa permanente, como forma de dominá-lo e proteger-se de uma nova agressão traumática. Se o desejo histérico pudesse falar, confessaria: "Quero que meu amado fique viciado em minha sensualidade e que eu seja a sua droga, mas uma droga decepcionante. Assim, deixando-o insatisfeito, vou mantê-lo sempre num estado de carência e conseguir dominá-lo." No histérico, o desejo recalcado é, portanto, o **desejo perverso de transformar o amado num ser insatisfeito**.

Quando o trauma infantil foi o mau-trato físico ou moral, o desejo defensivo que se inflama na criança, futuro sujeito **obsessivo**, é controlar e tiranizar o outro amado até conseguir que fique à sua mercê. No obsessivo, o desejo recalcado é, portanto, o **desejo perverso de submeter o outro até aniquilá-lo**.

*

Por fim, o recalcado não é apenas um acontecimento, uma emoção e um desejo, mas também uma <u>fantasia</u>. O que é uma fantasia? A fantasia é uma cena, uma situação conflituosa mínima, uma ação esboçada cuja imagem nunca é precisa. O sujeito não consegue visualizá-la em todos os seus detalhes, percebe apenas a intensidade dos movimentos e dos gestos que configuram a ação. Pois bem, essa cena satisfaz imaginariamente o desejo perverso e superexcitado que acabamos de estudar. Assim, na **fobia**, a fantasia, sempre inconsciente e recalcada – não esqueçamos –, é uma **fantasia sádica de devoração do ser amado para impedir que ele nos deixe**. O conflito aqui é devorar o amado protetor, ou seja, devorá-lo como um objeto e ao mesmo tempo cuidar dele como se cuida de uma mãe. Na **histeria**, a fantasia é uma **fantasia sádica**

de excitação e de frustração do ser amado para impedir que ele nos seduza. O conflito aqui é frustrar o amado protetor. Na *obsessão*, por último, a fantasia também é uma **fantasia sádica**, não mais de devoração ou de insatisfação, mas de **submissão do amado para impedir que nos cause dano.** O conflito aqui é dominar o amado protetor. Como você pode ver, nos três casos são fantasias sádicas de onipotência que satisfazem o desejo perverso pós-traumático de controlar a pessoa amada e impedir que ela cometa uma nova agressão traumatizante.

Identificamos, portanto, as quatro variedades do recalcado inconsciente. Recalcado, é bom lembrar, quer dizer algo de que o paciente não quer saber nada. Essas quatro variedades ou espécies são: o acontecimento traumático infantil, a emoção traumática, o desejo monstruosamente perverso e, por último, a fantasia perversa que encena esse desejo. Essas são as quatro instâncias psíquicas que constituem a significação inconsciente e que devemos isolar cada vez que interpretarmos essa ou aquela manifestação do paciente. Assim, diante de um sintoma, por exemplo, pensaremos sempre na criança traumatizada e em sua dor, assim como na criança perversa que o paciente conserva em seu interior. É como se, em seu inconsciente, nosso paciente desempenhasse dois papéis antagonistas: a criança vítima de um monstro que lhe fez mal e, no extremo oposto, a criança monstro que, para se defender, quer fazer mal. Por conseguinte, diante dessa manifestação do paciente, trataremos de identificar numa perspectiva cronológica os acontecimentos e emoções chocantes da infância e, numa perspectiva atual, o desejo e a fantasia perversos. Estou convencido de que não seremos capazes de compreender a problemática do nosso paciente enquanto não tivermos encontrado sua fantasia perversa inconsciente, que sintetiza o conjunto de todo o recalcado inconsciente: trauma, emoção e desejo. De fato, a fantasia inconsciente é uma ficção mórbida, uma cena conflituosa nascida do trauma, que governa a pessoa do neurótico desde a sua infância perturbada. A fantasia inconsciente, na qual o sujeito desempenha alternativamente os papéis de vítima e de agressor, define a estratégia pessoal que marca toda a existência do paciente em sua tensão para a onipotência perversa ou, ao contrário, para a impotência vitimista. Pois bem, agora precisamos acrescentar às quatro instâncias psíquicas, que constituem a significação inconsciente das manifestações do paciente, um elemento eminentemente pré-consciente-consciente, que também deve ser interpretado e corrigido pela interpretação do analista. Refiro-me à imagem negativa de si mesmo. Trataremos mais adiante dessa imagem negativa e neurótica de si mesmo, que é o envoltório imaginário e pré-consciente da fantasia perversa inconsciente.

Se tivéssemos que resumir numa única frase o desígnio da interpretação, desde o mais profundo até o mais superficial, desde o mais antigo até o mais atual, estabeleceríamos a seguinte gradação: **a interpretação deve alcançar primeiro o acontecimento ou os microacontecimentos traumáticos; em seguida, a emoção traumática; depois, o desejo perverso, assim como a fantasia que o satisfaz; e enfim, mais na superfície, a membrana imaginária que emana da dita fantasia: a imagem negativa de si mesmo**.

Como interpretar um sintoma?

Amália, a mãe violenta

Gostaria de descrever agora o itinerário mental percorrido por um psicanalista quando interpreta. Tudo começa com o **dado imediato** que se apresenta diante de nós, para o qual voltaremos nossa interpretação. Esse dado imediato é o que o paciente oferece do ponto de vista objetivo do terapeuta. Entre as inumeráveis manifestações que um paciente oferece em sessão, chamamos de **dado imediato** aquele que isolamos intuitivamente e no qual iremos ancorar nossa interpretação. Esse dado tem três particularidades:

- É sempre uma **manifestação involuntária** que surpreende o paciente e cuja causa ele não compreende, uma manifestação que supera sua vontade e seu saber. Um exemplo corrente é um sonho perturbador que inquieta e interpela nosso paciente.
- É uma **manifestação patológica** que faz sofrer e se repete com frequência. O exemplo mais eloquente é o sintoma repetitivo que levou o paciente ao consultório. Lembre-se de que a característica própria do sintoma é a tendência à recidiva, a reaparecer espontaneamente.
- Por último, a terceira característica do dado imediato é que se trata necessariamente de uma **manifestação transferencial**, posto que surge no marco da terapia, ou seja, no seio de uma relação de confiança, de respeito, de ternura ou também de ódio pelo terapeuta; relação esta que é condição indispensável para que o paciente tenha condições de receber a interpretação do analista e para que ela produza efeitos benéficos.

Chegamos, então, ao momento em que um psicanalista interpreta um dado imediato, como um sintoma, por exemplo. O que acontece nesse momento? Interpretar quer dizer comunicar ao paciente aquilo que pensamos ser a significação inconsciente de seu sintoma. Tomemos o caso de uma mãe que chora estendida no divã e confessa que se sente culpada por ter batido no filho de maneira brutal e injusta. Esse é o dado imediato que me é oferecido: uma mãe que sofre por fazer mal a quem ama. Minha primeira reação é verificar o que aconteceu em seus mínimos detalhes. Quando foi? Em que circunstâncias? Em que cômodo

Interpretar é dizer com clareza ao paciente o que ele já sabia

da casa? Estavam sozinhos? Bateu nele como? Qual foi a reação da criança? Sem esquecer que é necessário averiguar a frequência desses acessos de cólera. É claro que não faço todas essas perguntas diretamente à minha paciente – guardo-as para mim à espera de que, no decorrer da sessão, ela diga espontaneamente o que eu mesmo, com muito tato, conseguir levá-la a revelar. Não obstante, determinar os detalhes do sintoma é só o primeiro gesto mental de um psicanalista. Ainda é preciso captar o essencial, ou seja, a significação inconsciente do comportamento neurótico. Qual é essa significação? É, em primeiro lugar, a **fantasia perversa** que alimentou sua cólera e sua culpa, assim como o **desejo perverso** cuja encenação é a fantasia e, ainda mais atrás no tempo, o trauma infantil que fez nascer o desejo. Há aqui um encadeamento causal que o psicanalista deve articular sem nem sequer pensar nisso, naturalmente: **por trás do sintoma, encontra-se a fantasia; por trás da fantasia, encontra-se o desejo; por trás do desejo, encontra-se o trauma**. Sem dúvida, os elos de uma cadeia como esta nunca estão tão separados entre si; surgem no clínico como um pensamento reflexo. Se retomarmos agora o caso da mãe violenta que se sente culpada, deduziremos que a fantasia inconsciente que inspirou sua cólera é provavelmente uma fantasia perversa de agressão na qual ela desempenha o papel de seu próprio pai que a espancava. E deduziremos também que o desejo encenado por essa fantasia é um desejo sádico de fazer mal à pessoa que ela ama. Donde o sentimento de culpa. Por outro lado, levaremos também em conta que durante as sessões anteriores a paciente recordava dolorosamente as cenas espantosas a que assistiu quando criança, vendo o pai bater furiosamente no irmão mais velho. Vale dizer que, diante do comportamento violento de nossa paciente, apresentaremos, no momento oportuno, por meio de pinceladas e com palavras acessíveis, nossa **reconstrução** dos motivos inconscientes que explicam seus acessos compulsivos.

A Interpretação explicativa e a Interpretação criadora

Acabo de utilizar o termo "reconstrução", que já havia empregado para definir a segunda etapa do processo de escuta, a **Compreensão**. De fato, minha interpretação da cólera da mãe que bate no filho resulta de uma reconstrução teórica que vai desde o sintoma – dado imediato – até o trauma – acontecimento originário. A interpretação que propus à minha paciente é, portanto, fruto de um raciocínio lógico, uma interpretação muito diferente daquela que, como você deve lembrar, apresentei no ***caso do Homem de Negro*** e que era fruto não de uma dedução, mas de uma imersão endopsíquica em meu próprio ***Inconsciente Instrumental***. Trata-se de uma distinção muito importante sobre a qual eu gostaria de me deter: uma coisa é a interpretação que resulta de uma reconstrução teórica e outra, muito diferente, é a interpretação que resulta da imersão emocional que o terapeuta opera no interior de si mesmo para captar o inconsciente de seu analisando. Encontramos, portanto, duas espécies distintas de interpretação: uma eminentemente racional, obtida por dedução, na qual ***o psicanalista é externo ao inconsciente que ele interpreta***; a outra, eminentemente emocional, obtida por meio de um mergulho endopsíquico, na qual ***o psicanalista contém em si o inconsciente que interpreta***. A primeira, que chamamos de **Interpretação explicativa**, adquire amiúde a forma de uma explicação ou de um esclarecimento dirigido ao paciente; aqui o analista fala com a cabeça. A segunda, que chamamos de **Interpretação criadora**, produto da imersão endopsíquica, é uma palavra ou um gesto do terapeuta que adquire a forma de

Interpretar é dizer com clareza ao paciente o que ele já sabia

uma centelha; aqui, o analista fala com seu *Inconsciente Instrumental*. **Numa o psicanalista explica o inconsciente; na outra o psicanalista recria o inconsciente**. Esses dois tipos de intervenções são tão estreitamente complementares que a Interpretação explicativa é condição para a ocorrência da Interpretação criadora. Sem a reconstrução teórica da fantasia inconsciente – estabelecida com lápis e papel – o psicanalista não teria condições de efetuar a imersão endopsíquica, nem de deixar falar o *Inconsciente Instrumental* criador.

Mas qualquer que seja a forma da interpretação, ela desemboca no mesmo efeito terapêutico: pouco a pouco, o analisando aprende por mimetismo a mergulhar em si mesmo, a identificar a imagem negativa que o oprime, a corrigi-la e a reconciliar-se consigo próprio. Poderíamos escrever que ele consegue estabelecer uma **empatia consigo próprio**. Utilizando um outro vocabulário, diremos: o efeito maior que uma interpretação deve produzir é abrandar o Supereu a ponto de torná-lo conciliador com o Eu.

Devemos dizer também que a interpretação pode ocorrer de maneira fragmentária e progressiva, que raramente ela é única e maciça.

Para terminar, recordemos a nossa primeira definição da interpretação: **interpretar é dizer com clareza ao paciente o que ele já sabe, embora confusamente**. Vamos traduzi-la: interpretar é dizer com clareza ao paciente a significação inconsciente do sintoma que, tendo amadurecido, tornou-se pré-consciente e apreensível. O pré-consciente nada mais é que um inconsciente impaciente para receber as palavras que o nomeiem. Cabe ao psicanalista, portanto, encontrar essas palavras e pronunciá-las no tempo certo. ***Concluiremos, portanto, escrevendo: interpretar é colher a fruta madura do inconsciente***.

A interpretação leva à cura

O Sossego...

Hoje já não sonho
com outra vida nem com o absoluto.
Hoje já não sofro
de um intenso sofrimento desconhecido.

Hoje estou reconciliado
com minhas ânsias esquecidas.
Hoje fui libertado
e posso reinventar-me.

Poema escrito por um paciente durante
a fase final da análise, julho de 2016

Passemos agora aos efeitos da interpretação. A epígrafe que você acabou de ler é um trecho do poema que me foi enviado por um paciente que atravessa a última parte de sua terapia. Eu não poderia expressar melhor a vivência de um homem aliviado de sua neurose. Quando recebo um testemunho tão comovente quanto este, além da satisfação de poder compartilhar com o paciente esse momento de serenidade conquistada, pergunto-me sempre, assombrado, como nós, analisando e analista, conseguimos atenuar a neurose. Cada vez que me interrogo sobre os motores da cura de um de meus pacientes, o desenho de uma espiral que gira sobre si mesma me vem à mente. Essa espiral simboliza o gesto essencial que o analista deve realizar para que o paciente também possa realizá-lo e a cura aconteça. Que gesto é esse? É o movimento de imersão psíquica operado pelo clínico quando capta a fantasia inconsciente do paciente. Mas esse movimento de invaginação representa também o movimento para o interior de si mesmo realizado pelo próprio paciente, movimento de autopercepção que deve se renovar muitas e muitas vezes,

Interpretar é dizer com clareza ao paciente o que ele já sabia 75

de modo cada vez mais apurado, ao longo de toda a terapia, para que ele consiga discernir bem a imagem negativa de sua pessoa e corrigi-la. Só então o nosso analisando estará em condições de ver seus sintomas desaparecerem. E assim compreende-se melhor em que medida o analista ensina, sem se dar conta, seu analisando a mergulhar em si mesmo, e até que ponto este, também sem se dar conta, adquire o gesto da autopercepção. Assim, uma análise poderia ser definida como a transmissão, permanentemente renovada, da faculdade de descer ao mais íntimo de seu ser. Penso aqui nas palavras decisivas de Marguerite Yourcenar, quando escreve: "A verdadeira coragem consiste menos em se superar do que em se alcançar interiormente."

Devemos, no entanto, fazer uma distinção clara entre essas duas espirais da autopercepção. O analista mergulha em seu *Inconsciente Instrumental* para captar a fantasia inconsciente de seu paciente e retorna à superfície carregando uma palavra interpretativa que batizamos de "**Interpretação criadora**". O paciente, por sua vez, incitado pelo analista, mergulha em seu **pré-consciente** para validar a cena fantasística e a imagem negativa de si mesmo que o terapeuta lhe transmitiu.

A imagem negativa de si que a interpretação deve modificar

Vamos parar um instante para explicar claramente em que consiste essa **imagem negativa de si** que pulsa por trás dos estados de angústia e dos comportamentos conflituosos de nossos pacientes neuróticos. Para ser mais preciso, eu diria que, no paciente *fóbico*, a imagem pré-consciente e negativa de si mesmo é a imagem de um ser **frágil** e **vulnerável** que se angustia diante da menor ameaça de abandono. Esse sentimento íntimo de vulnerabilidade é o que impulsiona o fóbico a comportar-se de maneira insuportável com seu parceiro:

às vezes é terrivelmente asfixiante, às vezes, ao contrário, exibe uma autonomia arrogante. Assim que o companheiro se afasta, o fóbico se sente deixado de lado e reclama: "Você nunca está quando eu preciso!" É fácil compreender até que ponto a imagem negativa de si mesmo – "Sou frágil e vulnerável" – inevitavelmente leva o fóbico a pedir ao companheiro que lhe dê segurança amando-o com um **amor protetor**, eterno, absoluto e total.

No *histérico*, a imagem pré-consciente e negativa de si mesmo é a imagem de um ser insatisfeito e malquisto que se angustia ao menor sinal de traição amorosa. Esse sentimento íntimo de incapacidade para amar é o que leva a mulher histérica a comportar-se de maneira insuportável com seu parceiro: às vezes, é provocativa e frustrante; às vezes, ao contrário, exibe uma falsa ternura. Assim que o parceiro demonstra interesse por alguma outra coisa, a histérica se sente desdenhada e reclama: "Nunca sou bonita o suficiente para você!" É fácil compreender como a imagem negativa de si mesma – "Estou insatisfeita e ninguém me quer" – leva a histérica a pedir ao companheiro que lhe dê tranquilidade amando-a com um **amor sensual**, eterno, absoluto e total.

No *obsessivo*, a imagem pré-consciente e negativa de si é a imagem de um ser que **se sente incapaz** e se angustia diante da menor exigência do outro. Esse sentimento íntimo de insuficiência é o que leva o obsessivo a comportar-se de maneira insuportável com a parceira: às vezes é tirânico e agressivo; às vezes, ao contrário, exibe uma doce gentileza. Diante da menor observação feita pela companheira, por ínfima que seja, o obsessivo sente-se humilhado e reclama: "Para você, nunca sou suficientemente capaz!" Salta aos olhos que a imagem negativa de si – "Sou incapaz" – leva o obsessivo a pedir inevitavelmente à companheira que lhe dê segurança demonstrando uma **admiração** sem limites e um **reconhecimento** eterno, absoluto e total.

Interpretar é dizer com clareza ao paciente o que ele já sabia

Essas são, portanto, as três imagens negativas de si, autopercebidas de maneira confusa pelos neuróticos, fontes de angústia e de conflitos relacionais. O psicanalista deve buscar cuidadosamente cada uma dessas imagens e mostrar ao paciente que a imagem negativa de si que ele conserva é a expressão pré-consciente de uma fantasia inconsciente na qual ele desempenha amiúde o papel da criança vítima de um carrasco que a abandona (fobia), que não a ama (histeria), que a humilha (obsessão). **É importante deixar claro que o verdadeiro culpado do mal-estar do neurótico não é a imagem negativa que ele tem de si, mas a fantasia perversa inconsciente que fomenta essa imagem. Ela é a verdadeira instigadora da neurose!**

Darei aqui o exemplo de uma interpretação com a qual tentei mostrar ao meu analisando que a imagem negativa que ele havia forjado de si mesmo derivava de uma fantasia perversa de humilhação que corroía sua vida psíquica desde que ele tinha sete anos. Trata-se de uma longa interpretação dirigida recentemente a um homem de cerca de trinta anos, de perfil obsessivo. Para que fique mais clara, preferi apresentá-la em bloco, mas a verdade é que foi pronunciada e repetida de forma fragmentária ao longo de várias sessões.

"Você diz que é uma nulidade, mas não é. Você se acha incapaz e acredita nisso há muito tempo, desde a infância. Tenho a impressão de que, ainda muito pequeno, sofreu uma pressão tão grande, tantas exigências por parte de um pai muito rígido, que um sentimento angustiante de não estar à altura das expectativas se instalou dentro de você. A cada vez que tem que enfrentar uma exigência, por menor que seja, ouve o comentário depreciativo que talvez seu pai nunca nem tenha pronunciado: 'Você não é capaz de fazê-lo!', autocensura associada imediatamente à imagem negativa de si mesmo: "Sou incapaz!" Pois bem, você sabe que essa ideia, instilada por seu pai, cristalizou-se no mais profundo de seu ser, numa cena em que você é uma criança humilhada por um personagem imponente, agressivo e sem rosto."

Devo acrescentar que, depois de receber essa interpretação, que repeti diversas vezes, meu paciente, que até então era incapaz de obter uma posição profissional apesar de ter sido um aluno brilhante, conseguiu superar sua angústia de fracasso e integrar-se à equipe dirigente de uma grande empresa.

Se o analisando adquire consciência, pouco a pouco, sessão após sessão, de que, de fato, está tomado por uma fantasia inconsciente perversa que governa sua existência fazendo com que pense que é vulnerável, que ninguém o quer ou que é incapaz, e fazendo com que sonhe com uma proteção, um amor ou uma admiração impossíveis; se o analisando adquire consciência de sua fantasia e de seu sonho louco, essa fantasia perde virulência. Esse é o momento em que vemos a terapia se encaminhar decididamente para a cura. Que fique bem claro: a fantasia assim desvitalizada segue sempre presente no analisando e continua modelando os traços de seu caráter, mas deixa de ser nociva. O sujeito, libertado do obstáculo que sua fantasia implica, pode adotar uma atitude serena e tranquila consigo mesmo, com os outros e diante da vida.

Para resumir este capítulo, definiremos a interpretação da seguinte maneira: a interpretação é uma palavra convincente ou um gesto eloquente do analista dirigido ao pré-consciente do analisando e que tem como objetivo fazer com que ele tome consciência vívida de seu inconsciente enfermo (trauma, emoção traumática, desejo e fantasia) e da imagem negativa de si mesmo. Uma interpretação pode ser explicativa – se brotou de um raciocínio – ou criativa – se brotou de uma imersão endopsíquica. Seu ponto de impacto é sempre um dado observável, como por exemplo o seu sintoma, uma expressão do rosto, um sonho, um comportamento, uma decisão compulsiva e muitas outras singularidades, todas elas janelas para o inconsciente.

4. Quatro variantes inéditas da interpretação do psicanalista ilustradas com exemplos concretos

Existe uma idade, a juventude, na qual o psicanalista que tem a sorte de ter bons professores é um aluno aplicado e apaixonado, que se esforça para que sua prática nascente coincida com a teoria que aprendeu. Em seguida vem uma outra fase, a maturidade, na qual o psicanalista, experimentado, já assimilou o pensamento dos mestres graças a um ajuste cada vez mais preciso dos conceitos às situações clínicas novas. Por último, depois de muitos anos, o mesmo psicanalista percebe que sua prática mudou e que, portanto, é necessário fazer novos progressos conceituais. É exatamente isso que me acontece nesse momento, quando proponho quatro variantes inéditas da interpretação. Mais uma palavra a respeito da evolução do psicanalista: falei da juventude e da maturidade, mas não queria deixar de dizer que, ao longo de toda a vida de um analista que vai se transformando, existem duas coisas que devem permanecer intocadas: o desejo de ir até o outro para ser-lhe útil e a capacidade de se surpreender. Para mim, o psicanalista é antes de tudo um homem ou uma mulher que está sempre pronto, em qualquer momento de sua carreira, para deixar-se surpreender por aquilo que se apresenta como banal, mas que encerra o segredo de um ser.

Gostaria de apresentar agora quatro variantes inéditas da interpretação psicanalítica: a **Interpretação narrativa**, a **Prosopopeia interpretativa**, a **Interpretação gestual** e a **Retificação subjetiva**. Essas variantes da interpretação mostraram-se necessárias quando percebi, em minha prática, que elas suscitam – cada uma a seu modo – uma mudança imediata na atitude do paciente para comigo. Por isso, considerei que seria essencial identificá-las, nomeá-las, distingui-las e conceitualizá-las.

À parte a Retificação subjetiva, o denominador comum às outras variantes – a Narrativa, a Prosopopeia e a Gestual – é o seguinte: nenhuma delas assume a forma de um enunciado dirigido diretamente ao analisando. Trata-se antes de intervenções transversais, laterais, que levam o paciente a tomar consciência, sem levantar resistências. Esse é justamente o denominador comum: elas não suscitam nem o temor, nem a oposição do analisando. As três variantes fazem com que o paciente tome consciência do recalcado com suavidade, às vezes sem que o sujeito sequer se dê conta. Ao dirigir-se dessa maneira ao analisando, o analista apresenta sua interpretação, mas não impõe sua visão. Pois bem, como especificar cada uma dessas figuras novas da interpretação? Quais são seus diferenciais? Tratemos de examiná-las mais detalhadamente.

A Interpretação narrativa

O caso do Homem de Negro

A **Interpretação narrativa** é um relato metafórico proposto ao paciente. Lembre-se do **caso do Homem de Negro**, no qual intervenho depois de identificar-me com o protagonista de uma história, protagonista que não é outro senão o personagem principal da fantasia inconsciente do analisando. Ao contar essa história a meu paciente, faço com que ele viva o que o nosso herói vivencia, o que vivencia esse menininho que corre atrás da mãe. Faço com que viva o que deveria ter vivido se tivesse feito um luto normal da morte de sua mãe, ou seja, se tivesse podido aceitar progressivamente o seu de-

Quatro variantes inéditas da interpretação do psicanalista 83

saparecimento. Em lugar de intervir para fazê-lo compreender que não fez o luto, oferecendo a ele uma interpretação clássica – "Você perdeu sua mãe de maneira brutal e desde então se nega cegamente a aceitar sua morte" –, preferi intuitivamente, graças à flexibilidade e à sensibilidade de meu **Inconsciente Instrumental**, falar com ele de maneira indireta. Foi assim que me deixei levar, inventando uma alegoria do luto tal como deveria ter sido feito pelo paciente. O que é um luto? Um luto é o tempo necessário para aprender a viver com a ausência do ser amado desaparecido. Pois bem, **o Homem de Negro** não fez seu luto, não atravessou esse tempo necessário para integrar, dia após dia, a perda da mãe. Ficou congelado naquele exato momento em que recebeu, aos seis anos, o golpe brutal do anúncio mentiroso do pai. Naquele momento, **o Homem de Negro** deixou de viver para transformar-se num eterno menino de luto. Com minha alegoria interpretativa, retornei justamente a esse instante trágico e, em vez de identificar-me com um menino perplexo, identifico-me com um menino certamente aterrorizado, mas que encontra forças para seguir em frente tentando alcançar a mãe desaparecida. Em poucas palavras, com minha alegoria recuperei o instante crucial em que o menino sofreu a dilacerante e súbita separação da mãe, instante que dramatizei como se fosse o ponto de partida de uma corrida que só terminará quando o menino descobrir que se tornou adulto. Nesse momento, o luto terá se cumprido. Em suma, minha interpretação narrativa era a metáfora do luto que **o Homem de Negro** deveria ter feito normalmente. Metáfora eficaz, posto que, ao receber minha interpretação, o paciente tomou consciência, numa sessão, do luto que não conseguiu realizar em vinte anos.

Sc você perguntasse onde está a fantasia inconsciente patogênica que interpretei, eu responderia inspirando-me na célebre fórmula de Freud sobre a melancolia: "*A sombra do objeto cai sobre o eu.*" Assim, diria eu, a sombra da mãe morta caiu sobre o Eu do **Homem de Negro** quando ele tinha seis anos. Desde essa idade, nosso paciente viveu sob o domínio de uma fantasia letal: permanecer sepultado sob a sombra onipresente da mãe desaparecida.

A Prosopopeia interpretativa

O caso de Cyrille

Passemos agora a uma forma dialogada de interpretação, a Prosopopeia interpretativa. O que é uma prosopopeia? O termo vem do grego *prosôpon*, "pessoa", e *poiein*, "fazer". A prosopopeia é uma figura retórica que consiste em fazer falar um ser ausente ou inanimado, um morto, um animal, uma coisa e até mesmo uma abstração. A prosopopeia é, portanto, uma ficção que dá vida, por meio da palavra, a um personagem, morto ou vivo, que está sempre ausente durante a enunciação. Em qualquer caso, são atribuídas a este personagem ausente palavras que ele poderia ter proferido, inventadas por necessidade narrativa, mas perfeitamente verossímeis.

Passemos então à **Prosopopeia propriamente psicanalítica**. Em que consiste? É a intervenção do terapeuta que, falando ao paciente, dá voz ao **personagem secundário** da cena da fantasia inconsciente. O analista veste a pele desse personagem e fala com o paciente como o personagem teria falado. O analista efetua, portanto, uma dupla identificação: com o paciente emocionado que se encontra diante dele e com a criança comovida da fantasia. Chamei essa dupla identificação de **dupla empatia**, mas devo acrescentar agora uma terceira identificação, uma **terceira empatia**, não mais com o paciente presente na sessão, nem com a criança presente na fantasia, mas com o personagem secundário da cena fantasística. Lembre-se de que uma fantasia é sempre uma cena que inclui dois personagens em conflito, um que representa o paciente – personagem principal, em geral uma criança aban-

Quatro variantes inéditas da interpretação do psicanalista 85

donada, indesejada ou maltratada – e outro que representa uma pessoa muito próxima, personagem secundário – em geral um adulto, com grande frequência a mãe.

Dito tudo isso, proponho então a seguinte definição: a **Prosopopeia interpretativa** ou prosopopeia psicanalítica é uma interpretação que o analista dirige a seu analisando colocando-se no lugar do personagem secundário da fantasia ou, às vezes, estabelecendo um diálogo imaginário entre esse personagem e ele próprio, o analista.

Para que se possa entender melhor, darei o exemplo de uma sequência clínica que ilustra como funciona uma Prosopopeia interpretativa. Recebo com regularidade um jovem fóbico, Cyrille, de 21 anos, que, ocioso, passa o dia inteiro na frente do computador fumando maconha. Recentemente, no começo de uma sessão, ele confessou: "Na última vez em que nos vimos, você imaginou que minha mãe estava sentada junto conosco, numa cadeira vazia, e criou um diálogo entre os dois; isso me impressionou muito, e quando saí daqui me senti muito aliviado! Você apontou a cadeira onde minha mãe estaria sentada e perguntou, como se ela realmente estivesse lá: 'Diga-me, senhora, como era o Cyrille quando era bebê?' E respondeu em seu lugar: 'Sabe, doutor? Sempre fui uma mãe muito ansiosa e temo ter transmitido minhas angústias a Cyrille quando era pequeno. Ele sempre se enroscava contra o meu peito e acho que, quanto mais ele se apertava, mais se impregnava com minha ansiedade. Às vezes, diante de seus olhos arregalados, eu pensava comigo que infelizmente meu bebê corria o risco de vir a ser tão angustiado quanto eu!'"

Essa interpretação dramatizada que de fato eu transmitira a Cyrille e que ele me restituía em detalhe nada mais era que a verbalização vívida de uma cena que me veio quando Cyrille confessou que não conseguia sair do quarto pois estava completamente tomado pelos videogames. Com essa interpretação eu quis fazer com que ele entendesse que não conseguia sair do quarto porque a rua o angustiava. Nesse instante, em vez de dizer, como numa interpretação clássica, "Sua angústia é uma angústia transmitida por sua mãe", resolvi me deixar levar pela cena que apareceu na tela do meu **Inconsciente Instrumental**. Nessa imagem eu via a mãe dirigindo-se a mim, culpada por ter inoculado a própria angústia em seu filho. Quando o analisando ficou abalado ao ouvir da minha boca de analista as palavras que sua falecida mãe poderia ter me dito, o que ele ouviu foi uma voz interior. Não era minha própria voz, era a voz interiorizada da mãe, com todas as entonações de uma voz vinda da infância e ressoando agora na sessão. Como se, com minha prosopopeia, eu tivesse incitado Cyrille a reviver a meninice ouvindo a mãe falar dele ao psicanalista. O que aconteceu? Podemos usar a terminologia psicanalítica para dizer simplesmente que o recalcado em Cyrille subiu à superfície da consciência atraído pelo ímã da interpretação prosopopeica do psicanalista. Quero esclarecer um ponto: o psicanalista não imitou a voz feminina da mãe, e sim, sem deixar de falar com sua própria voz, suscitou no analisando uma emoção que ele nunca pudera viver nitidamente. Qual emoção? A emoção de ouvir que ele e a mãe compartilhavam uma angústia muda e fusional.

Importante destacar aqui que várias condições têm de ser preenchidas para que um psicanalista consiga formular uma interpretação prosopopeica:

- **Conhecer** bem os sintomas e a história do paciente.
- **Observar** os detalhes que caracterizam a atitude do paciente: gestos, expressões do rosto (como o olhar absolutamente amedrontado de Cyrille, que percebi desde o primeiro encontro) etc.
- A partir da percepção de um detalhe relevante, **imaginar** uma cena na qual o paciente briga com uma pessoa muito chegada.
- Esse é o momento em que o psicanalista se sente chamado a **mergulhar** em si mesmo para, em seu foro íntimo, perceber a

cena inconsciente, sem que isso signifique perder em nenhum momento o contato com o paciente. Assim, o terapeuta desempenha mentalmente o papel da pessoa próxima do analisando tal como ele a imagina. Nesse instante, o terapeuta sente o que essa pessoa teria sentido em presença do paciente. Carregado com essa emoção, o psicanalista se dirige a seu paciente e dá vida a um ausente.

A Interpretação gestual

O caso de Francisco

Em nossa terceira variante inédita da interpretação, o analista não se limita a falar, mas levanta de sua poltrona e, enquanto fala com o paciente, faz a mímica da ação dramática que caracteriza a cena fantasística inconsciente. O terapeuta também pode representar não somente a ação fantasiada como a atitude que o paciente adota no momento de viver seu sintoma. A propósito da **Interpretação gestual** de um sintoma, penso justamente no caso de Francisco, um jovem obsessivo que, entre outros transtornos compulsivos, costumava quebrar as maçanetas das janelas em seu afã de certificar-se, noite após noite, de que estavam perfeitamente fechadas – de maneira tão hermética que nenhum intruso poderia penetrar na casa. Lembro-me muito bem dessa sessão. Francisco estava sentado na poltrona, diante de mim, e relatava detalhadamente o ritual que cumpria todas as noites em sua casa: "Vou até a janela do salão e fecho com tanta força que às vezes acabo quebrando a maçaneta. Assim que garanto que a janela ficou trancada, posso ir deitar tranquilamente e masturbar-me, ato com o qual cumpro mais um dos meus rituais irreprimíveis." O que quero mostrar aqui não é tanto o comportamento obsessivo do jovem paciente, mas antes a forma como deve atuar o psicanalista. Depois que Francisco, respondendo às minhas perguntas sobre as circunstâncias precisas do ritual de toda noite, descreveu os gestos estereotipados que precisava efetuar, levanto da poltrona, caminho até um dos quadros pendurados na parede do meu consultório e, fazendo de conta que o quadro é uma janela, falo com meu paciente.

Imagine a cena. Estou de pé e Francisco, que continua sentado, está virado para mim e me observa. Sempre de pé diante do quadro, estendo o braço para o "quadro-janela", faço girar uma maçaneta virtual e pergunto: "E então, você pega a maçaneta e aperta assim, até quebrar?" Muito atento aos meus movimentos, ele responde: "Não, não é exatamente assim!" Surpreso, olho para ele e replico: "Como não é assim? Como é então?" Francisco responde explicando que o movimento da minha mão corresponde ao movimento que ele faz, mas ele nunca fica de frente para a janela. Na hora de fechar, ele se coloca de lado. Não podemos esquecer que, enquanto fala, Francisco continua sentado na poltrona e eu de pé. É então que acrescento: "Mas como você faz para fechar a janela? Por que fica de lado? Por que ficar numa posição tão incômoda para girar a maçaneta? De lado é muito mais complicado!" E ele responde de imediato: "Porque nunca dou as costas. Tenho medo de ser apunhalado por trás!" Desconcertado, repito suas palavras: "Apunhalado por trás? Mas como poderiam apunhalá-lo pelas costas se ninguém pode entrar depois que você fechou a janela? Você está sozinho na casa de sua mãe, que dorme no andar de cima! De quem você tem medo?" Francisco permanece em silêncio e eu compreendo, sem dizer nada, que em sua fantasia a mãe, por quem ele é completamente dominado, era um monstro sanguinário. Nesse momento, a única, única palavra que decidi pronunciar foi sugerir com muito tato: "Não vejo ninguém que poderia atacá-lo pelas costas, a não ser sua mãe." É claro que concluí que a punhalada pelas costas evocava um desejo homossexual recalcado. No entanto, naquele estágio da terapia eu não quis falar da mãe assassina nem da homossexualidade. O que quero sublinhar ao apresentar essa vinheta clínica é que, se eu não tivesse me levantado para fazer a mímica de seu sintoma, jamais descobriria que, na fantasia obsessiva de Francisco, a figura de sua mãe era tanto a do ser mais adorado quanto a do ser mais perigoso. Você pode ver assim que, **ao representar gestualmente o sintoma, fiz surgir, sem querer, a fantasia inconsciente, pedestal do sintoma**. Por isso, podemos afirmar que minha intervenção gestual foi uma interpretação psicanalítica e, mais ainda, eficaz, pois Francisco terminou a terapia um ano depois, aliviado de uma neurose bastante grave. Graças a intervenções transversais eficazes como a Interpretação gestual, pude acompanhar esse paciente até conseguirmos fazer desaparecer seus sintomas invalidantes.

O caso de Alberto

Tenho aqui um outro exemplo de **Interpretação gestual** do psicanalista que é ao mesmo tempo um exemplo de **Retificação subjetiva**. Refiro-me a Alberto, um advogado de 34 anos que há dois tem uma namorada e pretende casar em breve. No começo da primeira entrevista, ele disse: "Vim consultá-lo porque tenho um problema: minha companheira – que está aqui na sala de espera – descobriu que frequentemente me levanto no meio da noite para masturbar-me olhando um site pornográfico. Ela quer – e eu também – que isso tenha fim; não podemos casar enquanto essas ânsias perdurarem." Ao ouvir essa queixa, pensei imediatamente na repetição do sintoma. Lembre: o sintoma sempre se repete. Para mim é, portanto, um automatismo do pensamento clínico que me leva a perguntar de imediato ao paciente: "Há quanto tempo você se masturba dessa maneira?" Ao que ele responde: "Há muito tempo, desde a adolescência." Pouco a pouco, no curso dessa primeira entrevista, descubro que Alberto sofre de uma adição masturbatória que o impede de ejacular se não for pela própria mão. Vale dizer que consegue penetrar a mulher, mas para ejacular precisa retirar o pênis para masturbar-se. "Isso começou a acontecer agora com Emília ou é um hábito que já ocorria com outras mulheres?", pergunto. "Já aconteceu com minha primeira namorada, uma relação que durou oito anos sem que eu conseguisse ejacular em sua vagina. Na realidade, pensando bem, nunca ejaculei no interior do corpo de uma mulher." Nesse momento, efetuo aquilo que chamo de **Retificação subjetiva**, que na realidade é também uma **Interpretação gestual**. Chamo-a assim porque retifico o sentido que o paciente dá a seu sintoma. Realizar uma Retificação subjetiva – como veremos a seguir – significa modificar a ideia que o paciente tem do transtorno que o trouxe ao consultório, assim como o modo como ele vive esse transtorno; retificar seu pensamento e seus sentimentos durante a primeira consulta. No caso de Alberto, o problema, ao contrário do que ele pensava, não era sua inclinação para a masturbação noturna e secreta; tampouco enganar a companheira com imagens pornográficas. Não, o problema era outro. É nesse momento que me aproximo do paciente, pego sua mão direita com toda a naturalidade e, sem que ele se mostre surpreso, dou um tapinha na palma de sua mão e digo: "O problema é que seu sexo, quer dizer, seu pênis, está grudado aqui, na palma de sua mão. Para poder ejacular, seu pênis tem a necessidade imperiosa de sentir a pele da palma de sua mão e sentir-se sacudido segundo um ritmo que só você conhece." "Eu nunca tinha pensado nisso!", diz ele. E eu acrescento: "O que precisamos fazer, você e eu, é desgrudar o pênis da mão."

E assim realizei uma Retificação subjetiva graças a uma Interpretação gestual. A Retificação subjetiva consistiu, então, num deslocamento: recebo um paciente que me procura por causa de

Quatro variantes inéditas da interpretação do psicanalista 91

sua dependência de imagens pornográficas e desloco seu problema mostrando-lhe a dependência de seu sexo em relação à sua mão. De uma dependência visual passei para uma dependência tátil. Melhor seria dizer: de um gozo voyeurista compulsivo passei a um gozo tátil compulsivo. O transtorno de Alberto é um sintoma sexual grave que, em sexologia, se chama "anejaculação". E que tem o agravante de, se não conseguirmos romper essa adição inveterada da mão ao pênis e do pênis à mão, o paciente jamais poder ter filhos, exceto através de reprodução medicamente assistida. Outros pacientes foram obrigados a utilizar técnicas de reprodução assistida por causa de transtornos muito parecidos com os de Alberto; lembro que atendi um homem de cerca de quarenta anos que sofria de impotência crônica. Não podia penetrar o corpo de sua mulher porque vivia dominado pela fantasia de que o sexo feminino era tão hermeticamente fechado que poderia quebrar seu pênis batendo contra a suposta porta metálica que fechava a vagina. Voltando ao caso de Alberto, espero e creio que nos próximos meses possamos desinvestir a mão e desconectar a dupla mão–pênis.

Mas retornemos à minha Interpretação gestual aplicada à supressão desse vínculo sensorial mão–pênis. A Interpretação concretizou-se em meu gesto de analista de pegar a mão do paciente, dar um tapinha na palma e dizer que seu pênis estava colado nela. Devo precisar que esse modo de intervenção não é frequente em minha prática. Se recorri a ele, foi em total e plena consciência do psicanalista que sou. Meu gesto foi espontâneo, simples, sem afetação, eu diria, recebido pelo paciente com a mesma simplicidade, mas vivido por ele como uma revelação surpreendente da verdade. Devo acrescentar que, ao escrever estas linhas e fazer o relato de minhas intervenções em sessão, como estou fazendo agora, não sou indiferente – assim como todos os colegas que ensinam – ao efeito que minha palavra pode produzir nos jovens terapeutas. Estou consciente de que corro o risco de incitá-los a reproduzir mecanicamente, como num mimetismo, a nossa maneira de trabalhar com o paciente. É um problema que todo psicanalista que ensina enfrenta. Quando lhe digo que toquei a mão do paciente, preciso deixar claro que jamais faria isso no começo de minha prática. Só o faço agora, depois de mais de cinquenta anos de ofício! Dirigindo-me ao jovem analista que me lê, peço então: "Por favor, não toque a mão do paciente sentado diante de você!" A intuição de um bom clínico, eu deveria dizer o **Inconsciente Instrumental de um bom clínico,** é fruto de uma lenta maturação no curso de uma longa prática acompanhada por uma reflexão teórica constante.

A Retificação subjetiva

O caso de Sergio

O que é a Retificação subjetiva? Acabo de lhe dar uma pista ao apresentar o caso de Alberto, mas gostaria agora de aprofundar nosso conceito. A **Retificação subjetiva** é a intervenção com a qual o terapeuta conclui a primeira entrevista, fixando já de início o eixo gerador da cura. Com frequência, as palavras de conclusão ficam marcadas na memória de nossos pacientes e alguns anos depois, no curso das últimas sessões do tratamento, ficamos surpresos ao vê-las reaparecer. Durante o primeiro encontro, ao dirigir-se assim a seu paciente ainda desconhecido, o terapeuta sintetiza o que percebeu no transcurso da entrevista e, sobretudo, modifica – e é por isso que falamos de retificação –, retifica a visão errada que o paciente tinha da causa de seus transtornos. De fato, penso que ao finalizar o primeiro encontro é desejável que o psicanalista intervenha e corrija a falsa interpretação que o paciente forjou para seu mal-estar.

Tomemos o caso de Sergio, um paciente que me procurou por causa de sua depressão. Ele imaginava que seu estado era consequência de um excesso de atividade profissional. Estava convencido de que, de tanto queimar todas as suas energias no trabalho, tinha caído em depressão. E assim, como outros pacientes que nos procuram, Sergio etiquetava seu sofrimento com a expressão da moda: *burnout*. Depois de interrogá-lo sobre as crises depressivas que desde a juventude haviam precedido o colapso atual, e surpreso com o contraste entre seu porte de homem forte, de aparência indestrutível, e seu olhar de menino assustado, propus que considerássemos diversamente a causa de seu abatimento. Disse que sua depressão era, na realidade, a manifestação atual de uma angústia profunda e antiga. Disse também que, mais que um depressivo, ele era um homem angustiado desde a infância e que, quando foi despedido pelo diretor da empresa onde trabalhava, viveu essa dispensa como uma criança vive um abandono. Disse também – sempre no final da entrevista – que sua emoção dominante desde a infância era a angústia, o temor de não ser mais amado, de não se sentir seguro do amor do outro, e que a tristeza de hoje nada mais era que a espuma da angústia de não ser amado. O temor de perder o amor é tão agudo nele, e há tanto tempo, que diante de qualquer coisa que o faça suspeitar que não é mais amado ele se abate e mergulha na depressão. Lembre-se da diferença entre angústia e tristeza: a angústia é o medo de perder o amor, enquanto a tristeza é a dor de tê-lo perdido. No caso do nosso paciente, a angústia é o verdadeiro substrato de sua pessoa, enquanto a tristeza depressiva é apenas uma reação provocada por uma dispensa vivida como rejeição de amor. O paciente acreditava que sua depressão respondia ao *surmenage*, quando na realidade era um abatimento desencadeado pelo sentimento de perda do amor que o assegurava. Nem todos os colaboradores demitidos caem forçosamente em depressão. Só fica deprimido aquele que, tendo necessidade de sentir-se querido sem condicionamentos, vive sua dispensa como um abandono.

Em suma, minha Retificação subjetiva foi inspirada por uma ideia que se fez claramente presente em meu espírito no final da entrevista, mas que palpitava dentro de mim – sem que eu tivesse plena consciência – à medida que escutava o paciente. Poderia decompor essa ideia da seguinte forma: ao longo dessa primeira entrevista, senti claramente que o paciente tinha sido um menininho superprotegido por uma mãe muito ansiosa. → Em seguida, que essa criança fragilizada tinha se tornado, desde os seis, sete anos, um menino angustiado diante da menor contrariedade. → Que, uma vez adulto, sem se dar conta Sergio tem a imperiosa e constante necessidade de sentir que é incondicionalmente amado pelas pessoas que o cercam, de ser reconhecido por seus superiores hierárquicos, não apenas pelo que faz, mas também pelo que é. O amor protetor é para ele uma droga que não pode faltar nunca. → Em seguida, tem lugar a demissão, vivida como perda desse amor e dessa segurança aditivos. Instala-se então a síndrome depressiva: ideias negativas de si mesmo, lassidão, fadiga física e tristeza invasiva.

Clara, a bebê que se deixava morrer

Proponho outro exemplo, particularmente surpreendente, de Retificação subjetiva bem-sucedida, uma interpretação com tamanha potência terapêutica que a paciente se viu aliviada de seu sintoma numa única sessão. É claro que nem todas as Retificações subjetivas têm uma eficácia tão fulgurante, mas quero compartilhar essa singular sequência clínica com você porque é uma bela ilustração do poder que a psicanálise tem de curar nossos pacientes.

Clara é uma bebezinha de dez meses que a mãe trouxe ao meu consultório. De aspecto muito enfermiço, a pequena tem uma tez lívida que não é comum em bebês. O corpinho não apresenta nenhuma tonicidade, não come praticamente nada e quase não dorme, apenas três horas por dia. A mãe informou que já tinha consultado vários pediatras, mas tudo em vão. Explica que a filhinha chorava muito, mas que há pouco tempo, em vez de chorar, fica acordada, observando tudo com olhos muito abertos e tristes. Durante a primeira entrevista, a pequena permaneceu inerte, inexpressiva, com o corpo abandonado no colo da mãe. Ao cabo de um instante, dirijo a palavra à mãe perguntando se ela dorme bem à noite: "Ora, durmo pouco, doutor. Como poderia dormir se Clara não dorme?" Procurando mais detalhes, insisto: "Mas no pouco tempo em que dorme, você dorme bem?" A mãe hesita um momento e responde: "Na verdade, acontece uma coisa horrível. Quando adormeço, acordo logo em seguida, despertada por um pesadelo atroz: parada a meu lado, de pé, vejo minha irmã chorando e falando comigo. É como uma visão." "Uma visão?", pergunto eu. "É minha irmã Lúcia, que se suicidou há alguns meses em circunstâncias trágicas. Essa visão me assombra todas as noites desde que Clara nasceu." É aí que ela irrompe em soluços. Nesse instante, ao ver a mãe cair em lágrimas, olho para a neném e, com toda a convicção de ser plenamente compreendido, digo: "Sabe, Clara, acabei de entender por que você não dorme. Não dorme porque sente que sua mãe está em perigo e quer protegê-la. Mas agora que sei por que ela chora, prometo que vou cuidar dela. Sou eu quem vai cuidar do sofrimento de sua mãe. Você já pode dormir tranquila, eu garanto!" Pois bem, enquanto falo, a menininha vira para mim com um olhar comovedor e cheio de inteligência. Não tem mais os olhos apagados e sem brilho do início da sessão. Num instante, a pequena Clara se ergue como se seu corpo tivesse recobrado a vida, enrodilha-se contra o corpo da mãe e apoia a cabeça em seu braço como num gesto de alívio. É óbvio que um bebê não entende o sentido das palavras, mas ouve a música emocional delas. E, nesse caso, minha música era envolvente e ao mesmo tempo firme.

Três dias depois, quando voltei a vê-las, a menininha já não era a mesma e a mãe também tinha mudado. O que aconteceu? Minha interpretação retificadora aliviou a pequena porque, ao garantir que eu cuidaria de sua mãe, libertou-a da tarefa impossível de cuidar, ela mesma, da mãe. Até então, Clara carecia do apoio materno, pois a mãe, absorvida por sua dor, não a sustentava mais nos braços. Desamparada, a pequena tinha se adiantado demais para sua idade e esgotava-se muito além de suas forças para proteger a mãe, não somente por amor, mas também por instinto de sobrevivência: precisava recuperar braços fortes e ternos para sustentá-la. Clara estava esgotada pelo esforço sobre-humano de uma vigília interminável. Minha impressão era de que Clara, na idade da fase oral, vivia precocemente a fase seguinte, a fase motriz anal, na qual a criança já fica de pé sozinha. Querendo ser a mãe de sua mãe, tinha ido longe demais para um bebê. Ao dirigir-lhe uma fala emocionada: "Eu cuido de sua mãe, pode dormir tranquila", dei-lhe um impulso regenerador, significando: "Recupere sua inocência de bebê. Descanse!"

Como essas palavras me vieram à mente? Como essa Retificação subjetiva surgiu dentro de mim? No instante mesmo em que vi aquela mãe explodindo em lágrimas, compreendi que o sofrimento do bebê correspondia a seu esforço para apoiar, com todas as suas forças, uma mãe frágil. No entanto, não cheguei a essa compreensão como resultado de uma reflexão; pelo contrário, foi uma revelação que se impôs a mim como um relâmpago. Até aquele momento preciso, eu não havia captado a causa da tristeza nem da insônia da menininha. Tive de ouvir os soluços da mãe, tão atormentada pela morte da irmã, para que, espontaneamente, virasse na direção da menina, me concentrasse para poder sentir as tensões dolorosas que a neném devia estar sentindo. E o que senti então? E o que percebi então? Percebi que, inconscientemente, a pequena Clara sentia seu corpo crispado, espasmódico, estendido para adiante em busca dos braços da mãe que não a sustentavam direito. Cheguei até a imaginar que esse corpo estranho era um corpo sem o ombro, como se ao perder os braços protetores da mãe Clara também tivesse perdido seu próprio ombro, ombro que normalmente se amolda ao oco dos braços maternos. Na realidade, o corpo fantasístico que alucinei era o oposto do corpo frouxo de uma criança triste. O que eu via mentalmente era uma tensão, a tensão do corpo hipertônico de uma criança superexcitada que tenta desesperadamente realizar uma tarefa que está além de sua capacidade. Diante de mim eu via uma menininha abatida, mas em minha escuta endopsíquica via a figura de uma menina com o ombro em carne viva e o corpo hipertenso, todo esticado para a frente. Isso mostra em que medida o corpo inconsciente, nascido na escuta do psicanalista, é radicalmente diferente do corpo vivo da criança tal como aparece na sessão.

*

Para concluir este capítulo, proponho um resumo de cada uma das variantes inéditas da interpretação que acabamos de examinar. Em primeiro lugar, temos a **Interpretação narrativa**, que ilustramos com **O caso do Homem de Negro** e que definiremos dizendo que assume a forma de um relato que o analista, identificado com o personagem principal da fantasia inconsciente, faz a seu paciente.

Na **Prosopopeia interpretativa**, que ilustramos com o caso de **Cyrille**, o analista empresta sua voz e sua palavra a um ser ausente que não é outro senão o personagem secundário da fantasia inconsciente do analisando, personagem com o qual ele se identifica.

Na **Interpretação gestual**, que ilustramos com os casos de **Francisco** e de **Alberto**, o analista encena e faz a mímica da ação que está no coração da fantasia inconsciente.

Na **Retificação subjetiva**, que ilustramos com os casos de **Alberto**, de **Sergio** e da pequena **Clara**, o analista retifica, ao final da primeira entrevista, o sentido que o paciente dá aos sintomas que o levaram ao consultório.

Em resumo, na *Interpretação narrativa* o analista se identifica com o personagem principal da fantasia e sua palavra adquire a forma de um <u>relato</u>; na *Prosopopeia interpretativa*, o analista se identifica com o personagem secundário da fantasia, e sua palavra adquire a forma de um <u>diálogo</u>; na *Interpretação gestual*, o analista se identifica com a ação mesma da fantasia e sua palavra, assim como seu corpo, encena essa <u>ação</u>; por último, na *Retificação subjetiva*, o analista <u>modifica</u> o sentido que o paciente dá a seus sintomas; sua palavra encerra a primeira entrevista e abre espaço para a cura.

Quero destacar que essas quatro formas de interpretação são **criativas** e que o são por dois motivos: porque brotam espontaneamente da imersão endopsíquica de um analista criador e também porque produzem um novo paciente. Essas interpretações são sempre imprevisíveis e compostas por palavras ou gestos inventados à medida que o terapeuta fala ou atua. Não podem ser programadas nem concebidas de antemão, nem são precedidas, de imediato, por uma reflexão, embora a reflexão seja a condição absoluta e indispensável de sua súbita eclosão. Sem que o analista se dê conta com clareza, a Interpretação criadora se prepara em silêncio à espera do momento oportuno para eclodir. **Para que o analista tenha a coragem de deixar seu *Inconsciente instrumental* falar, é necessário que também tenha tido a coragem de trabalhar muito e de fertilizar seu pensamento com o húmus da teoria.**

Eu disse acima que essas interpretações são criativas porque produzem um novo paciente. Mas o que é criar? **Criar é produzir uma combinação nova com elementos velhos**. Pois bem, essa é a ação do psicanalista: produzir uma combinação nova com tudo o que nosso paciente traz consigo, sem agregar nem suprimir nada, mas levando-o a acionar todos os seus recursos potenciais de homem ou de mulher.

5. A CURA CONTINUA A SER UM ENIGMA

Como saber se um paciente está realmente curado?

Chegamos ao final de nosso percurso a respeito da cura e quero encerrar respondendo a uma pergunta: como saber se um paciente está realmente curado? É claro que nenhum paciente consegue se curar por completo e que a psicanálise, como qualquer remédio, não cura todos os pacientes e tampouco cura de maneira definitiva. Sempre restará uma parte de sofrimento, um sofrimento irredutível, inerente à vida, necessário à vida. Viver sem sofrimento não é viver.

Não obstante, existem alguns indicadores de cura que atestam que um paciente deixou de ser paciente. A pessoa do analisando não mudou, mas sua atitude mental sim. Mais concretamente, o que foi que mudou? Responderei simplesmente pensando em todos os analisandos que terminaram sua terapia, felizes por tê-la empreendido e completado.

- O paciente curado reconhece seus defeitos e valoriza suas qualidades, sem exagero. Já não se sente o mais insignificante dos homens, nem o mais inteligente.
- Gosta de si mesmo tal como é, portanto torna-se mais tolerante consigo mesmo, com as pessoas que o rodeiam e em suas relações sociais. A tarefa da análise não é fazer pessoas normais, mas favorecer nas pessoas um diálogo interior não conflituoso e permitir que recobrem o prazer de viver.

- O paciente compreendeu que aquilo que o faz sofrer não é o acontecimento trágico que temos de enfrentar, mas a maneira neurótica de interpretar e viver o acontecimento.
- O paciente curado recupera-se mais facilmente dos transtornos provocados pelos acontecimentos perturbadores da vida. Aprendeu que nenhuma dor é definitiva, nem absoluta, nem total, e que cada pessoa sempre conserva dentro de si recursos insuspeitados para voltar a ficar de pé. **Estar curado é poder reagir ao inesperado, por mais doloroso que seja, e reencontrar a capacidade de amar e de atuar**.
- Compreendeu que perder o ser amado ou o seu amor, perder a saúde, a dignidade ou ainda os bens materiais, em suma, perder o que tem de mais precioso nunca é perder tudo, e que aquilo que se perde é só uma parte de si mesmo. Aprender a relativizar as perdas é o que nos permite atravessar com maior serenidade as inevitáveis provas da existência.
- Seja homem ou mulher, não se sente humilhado por ser dependente afetivamente. Não é porque nos submetemos a determinadas regras ou porque executamos as ordens de um superior hierárquico, tampouco porque aceitamos as sugestões de nosso parceiro, que devemos nos sentir rebaixados ou submissos. Acreditar que é indigno mostrar-se dependente é uma suscetibilidade que revela que o neurótico não saiu de sua neurose. É o caso, tão frequente, daqueles pacientes que se recusam a amar por medo de depender demais do outro e de sofrer um possível abandono. Resumirei esse indicador de cura dizendo: **em suma, estar curado é viver sem temor e sem vergonha de sentir-se afetivamente dependente**.
- O paciente curado tampouco se envergonha de brincar como uma criança, pois compreendeu de maneira intuitiva que ser um homem maduro ou uma mulher madura significa poder voltar à infância quando quiser e como quiser, sem se sentir

ridículo por fazê-lo. **Estar curado é amar a criança que fomos, que vive em nós e que está sempre pronta a reaparecer**.

- Conquistou a capacidade de acalmar os conflitos relacionais, de fazer concessões, de cuidar da pessoa amada e do amor que os une e de cuidar de seus semelhantes.
- Sente-se internamente unificado, mesmo quando, às vezes, tem crises de angústia, acessos de cólera, ataques de ciúme e até ardores de desejos perversos que o dominam. Faz com que diferentes impulsos contraditórios coexistam dentro de si, tais como o amor e o ódio, a coragem e a covardia, o desejo e a culpa e até a humildade e a onipotência.

A cura continua a ser um enigma

Eis aqui tudo o que eu queria lhe dizer sobre a psicanálise e a cura. E agora que acabei de refletir com você, gostaria de compartilhar uma interrogação que reúne em si todas as perguntas que fizemos neste livro. Penso nesse momento terminal da terapia em que não compreendemos como o nosso paciente se curou. Compreendemos tudo o que era preciso fazer para que ele se curasse e, no entanto, ficamos surpresos e emocionados ao vê-lo finalmente livre de seus tormentos. Seguimos o protocolo terapêutico que vai da neurose à cura. Vamos recordá-lo em suas diversas etapas. A *observação*, a *compreensão racional* da origem das perturbações do paciente, ou seja, a reconstrução de sua fantasia inconsciente patogênica. A *imersão endopsíquica* que nos permite viver emocionalmente essa fantasia inconsciente patogênica. A *comunicação* para o paciente da cena fantasística que, num primeiro momento, tínhamos reconstruído com lápis e papel e que em seguida experimentamos. Ao comunicar ao paciente o conteúdo de sua fantasia, estamos mostrando o gesto mental da *autopercepção*. Sem querer, ensinamos o paciente a entrar em si mesmo, a refletir sobre si, a dialogar consigo mesmo num ir e vir entre passado e presente. O ***retorno para dentro de si*** que nosso paciente repete ao longo das sessões faz com que pouco a pouco identifique a cena de sua fantasia patogênica e a imagem negativa de si mesmo que resulta dela. Analista e paciente corrigem essa imagem até desvitalizar a fantasia que a promove. Assim, libertado do obstáculo de seus sintomas, nosso analisando poderá se envolver ativa e positivamente na existência. Eis aqui, então, o protocolo terapêutico que seguimos e que conduziu o paciente a uma indiscutível melhora. E, no entanto... eu não saberia dizer qual foi a razão última da cura.

Podemos dizê-lo sem hesitar: para nós, analistas, o advento da cura continua a ser um enigma. Toda a teoria psicanalítica não é mais que um imenso esforço de responder à pergunta que todo psicanalista se coloca depois do último encontro com um paciente que finalmente se viu livre de seu sofrimento. Essa pergunta que nos fazemos depois do último aperto de mãos e depois que a porta se fecha atrás daquela pessoa que deixou de ser nosso paciente é a seguinte: o que ocorreu para fazer com que esteja bem agora? Ao final de cada terapia bem-sucedida, faço-me sempre a mesma pergunta e nunca consigo responder claramente a ela.

De modo que o melhor lema que um psicanalista pode adotar se inspira no célebre adágio de Ambroise Paré: "Eu o tratei, Deus o curou." Assim sendo, ofereço a você o aforisma que me guia: ***Escuto meu paciente com toda a força de meu inconsciente de psicanalista, mas é o Desconhecido que o cura.***

Índice geral

Prefácio, por Gabriel Rolón   7

1. Como trabalho e ajudo meus pacientes a encontrarem a cura. O caso do Homem de Negro   17

A escuta do psicanalista é um processo em cinco etapas   21

Etapa I: A observação   28

Etapa II: A compreensão   31

Etapa III: A escuta propriamente dita   32

Etapa IV: A identificação do psicanalista com a criança fantasística   39

Etapa V: A interpretação: "Isto é o que encontrei de você no mais profundo de mim!"   40

O caso do Homem de Negro: um exemplo de escuta e de identificação endopsíquicas, assim como de interpretação narrativa   43

2. A ideia central deste livro   49

3. Interpretar é dizer com clareza ao paciente o que ele já sabia, embora confusamente   53

Interpretar é tornar consciente o inconsciente   55

Sermos conscientes é benéfico   57

O que é esse inconsciente doente que o psicanalista deve revelar ao analisando?   59

O traumatismo destrói o Supereu   64

   ▸ Laura, a menininha que mostrava a sua calcinha   64

Como interpretar um sintoma?   69

   ▸ Amália, a mãe violenta   69

A Interpretação explicativa e a Interpretação criadora   72

A interpretação leva à cura   74

A imagem negativa de si que a interpretação deve modificar   75

4. Quatro variantes inéditas da interpretação do psicanalista
ilustradas com exemplos concretos   79

A Interpretação narrativa   82
- ► O caso do Homem de Negro   82

A Prosopopeia interpretativa   84
- ► O caso de Cyrille   84

A Interpretação gestual   87
- ► O caso de Francisco   87
- ► O caso de Alberto   89

A Retificação subjetiva   92
- ► O caso de Sergio   92
- ► Clara, a bebê que se deixava morrer   94

5. A cura continua a ser um enigma   99

Como saber se um paciente está realmente curado?   101

A cura continua a ser um enigma   103

Estimado leitor, estimada leitora,
Receberei com muito gosto os comentários que esta leitura possa lhe inspirar.

J.-D.N.
nasio@orange.fr

Coleção Transmissão da Psicanálise

Não Há Relação Sexual
Alain Badiou

Fundamentos da Psicanálise
de Freud a Lacan
(4 volumes)
Marco Antonio Coutinho Jorge

Histeria e Sexualidade

Transexualidade
Marco Antonio Coutinho Jorge;
Natália Pereira Travassos

Por Amor a Freud
Hilda Doolittle

A Criança do Espelho
Françoise Dolto e J.-D. Nasio

O Pai e Sua Função em Psicanálise
Joël Dor

Introdução Clínica à
Psicanálise Lacaniana
Bruce Fink

A Psicanálise de Crianças
e o Lugar dos Pais
Alba Flesler

Freud e a Judeidade
Betty Fuks

A Psicanálise e o Religioso
Phillipe Julien

O Que É Loucura?

Gozo

Simplesmente Bipolar
Darian Leader

5 Lições sobre a
Teoria de Jacques Lacan

9 Lições sobre Arte e Psicanálise

Como Agir com um
Adolescente Difícil?

Como Trabalha um Psicanalista?

A Depressão É a Perda de uma Ilusão

A Dor de Amar

A Dor Física

A Fantasia

Os Grandes Casos de Psicose

A Histeria

Introdução à Topologia de Lacan

Introdução às Obras de Freud,
Ferenczi, Groddeck, Klein,
Winnicott, Dolto, Lacan

Lições sobre os 7 Conceitos
Cruciais da Psicanálise

O Livro da Dor e do Amor

O Olhar em Psicanálise

Os Olhos de Laura

Por Que Repetimos os Mesmos Erros?

O Prazer de Ler Freud

Psicossomática

O Silêncio na Psicanálise

Sim, a Psicanálise Cura!

J.-D. Nasio

Guimarães Rosa e a Psicanálise
Tania Rivera

A Análise e o Arquivo

Dicionário Amoroso da Psicanálise

Em Defesa da Psicanálise

O Eu Soberano

Freud — Mas Por Que Tanto Ódio?

Lacan, a Despeito de Tudo e de Todos

O Paciente, o Terapeuta e o Estado

A Parte Obscura de Nós Mesmos

Retorno à Questão Judaica

Sigmund Freud na sua Época
e em Nosso Tempo
Elisabeth Roudinesco

O Inconsciente a Céu Aberto
da Psicose
Colette Soler

1ª EDIÇÃO [2019] 6 reimpressões

ESTA OBRA FOI COMPOSTA POR MARI TABOADA EM DANTE PRO E
IMPRESSA EM OFSETE PELA GEOGRÁFICA SOBRE PAPEL ALTA ALVURA
DA SUZANO S.A. PARA A EDITORA SCHWARCZ EM MAIO DE 2023

A marca FSC® é a garantia de que a madeira utilizada na fabricação do papel deste livro provém de florestas que foram gerenciadas de maneira ambientalmente correta, socialmente justa e economicamente viável, além de outras fontes de origem controlada.